COMEÇA COM VOCÊ

JILLIAN TURECKI

COMEÇA COM VOCÊ

AS 9 VERDADES SOBRE O AMOR QUE NINGUÉM TE CONTOU

TRADUÇÃO
Kícila Ferreguetti

TÍTULO ORIGINAL *It Begins With You: The 9 hard truths about love that will change your life*

© 2025 by Jillian Turecki
Todos os direitos reservados.
© 2025 VR Editora S.A.

Latitude é o selo de aperfeiçoamento pessoal da VR Editora

GERENTE EDITORIAL Tamires von Atzingen
EDITORA Silvia Tocci Masini
ASSISTENTE EDITORIAL Michelle Oshiro
REVISÃO Lígia Alves e Érika Tamashiro
COORDENAÇÃO DE ARTE Pamella Destefi
DESIGN DE CAPA Equipe VR
DIAGRAMAÇÃO P.H. Carbone
PRODUÇÃO GRÁFICA Alexandre Magno

Dados Internacionais de Catalogação na Publicação (CIP)
(Câmara Brasileira do Livro, SP, Brasil)

Turecki, Jillian
Começa com você: As 9 verdades sobre o amor que ninguém te contou /
Jillian Turecki; tradução Kícila Ferreguetti.
– São Paulo: Latitude, 2025.

Título original: It Begins With You: The 9 hard truths about love that will
change your life
ISBN 978-65-89275-71-8

1. Amor - Aspectos psicológicos 2. Autoaceitação 3. Autoajuda
(Psicologia) 4. Relações afetivas 5. Relações amorosas
6. Terapia alternativa
I. Título.

25-254798	CDD-152.41

Índices para catálogo sistemático:

1. Amor: Psicologia 152.41

Aline Graziele Benitez – Bibliotecária – CRB 1/3129

Todos os direitos desta edição reservados à
VR Editora S.A.
Av. Paulista, 1337 – Conj. 11 | Bela Vista
CEP 01311-200 | São Paulo | SP
vreditoras.com.br | editoras@vreditoras.com.br

Para minha mãe: Obrigada por me entender.
Eu te amo.

Sumário

INTRODUÇÃO — A MORTE DE UM RELACIONAMENTO
9

VERDADE 1 — COMEÇA COM VOCÊ
18

VERDADE 2 — A MENTE É UM CAMPO DE BATALHA
40

VERDADE 3 — DESEJO NÃO É A MESMA COISA QUE AMOR
62

VERDADE 4 — VOCÊ PRECISA SE AMAR
92

VERDADE 5 — VOCÊ PRECISA FALAR E DIZER A VERDADE
122

**VERDADE 6 — VOCÊ PRECISA SER SUA MELHOR VERSÃO
(INCLUSIVE DEPOIS DA LUA DE MEL)**
149

VERDADE 7 — VOCÊ NÃO PODE CONVENCER NINGUÉM A TE AMAR
177

VERDADE 8 — NINGUÉM VIRÁ TE SALVAR
202

VERDADE 9 — VOCÊ PRECISA FAZER AS PAZES COM SEUS PAIS
229

CONCLUSÃO — NUNCA É TARDE DEMAIS PARA ESCOLHER A SI MESMO
252

AGRADECIMENTOS
261

INTRODUÇÃO

A morte de um relacionamento

Dois de junho de 2014 foi o dia em que minha vida desmoronou. Minha mãe tinha acabado de ser diagnosticada com câncer terminal, e o prognóstico era que ela teria três meses de vida. Naquela manhã, sofri meu terceiro aborto espontâneo, e meu marido me deixou. Ele rompeu comigo por telefone.

Primeiro ele me enviou uma mensagem. Eu estava perto do nosso prédio, sentada em um banco com meu cachorro. Eu já sabia que havia alguma coisa muito errada. Ainda que naquela manhã eu tivesse acordado sentindo o que minha ginecologista confirmou ser um aborto espontâneo, ele passou o dia todo sem dar notícias. Quando meu marido finalmente me mandou uma mensagem, por volta das cinco da tarde, ele escreveu simplesmente: "Vou ficar na casa dos meus pais por uns dias".

Em pânico, liguei para ele, que, felizmente, atendeu. Os vinte minutos seguintes foram um dos piores momentos da minha vida. "Estamos seguindo caminhos diferentes, Jillian", eu me lembro de ele dizer.

"*O quê!?* Mas do que você está falando? Você não vai voltar para casa? Estou sangrando sem parar porque *não estou mais grávida*, e você simplesmente vai me deixar?" Àquela altura eu já estava caminhando sem direção pela rua e me sentia — e provavelmente parecia — uma maluca.

Eu sabia que estávamos enfrentando uma crise — uma crise grave. Tinha passado os últimos dois anos tentando de todas as maneiras convencê-lo de que era digna do seu amor. Uma parte de mim, no fundo, sabia que ele poderia me largar a qualquer momento. E outra parte grande, bem lá no fundo, desejava que aquela provação que era o nosso casamento chegasse ao fim. Mas desistir nunca tinha sido uma opção. Eu morria de medo de ficar sem ele.

Ele nunca voltou para casa.

Minha vida tinha oficialmente desmoronado. O dia dois de junho marcava não só o fim da vida que eu conhecia, mas também o começo da minha jornada para descobrir o que, afinal, é necessário para ter um relacionamento saudável e duradouro. O que eu aprendi me surpreendeu: não tem nada a ver com a sorte, o universo, a idade, ou até mesmo com ser uma pessoa boa. Tudo tem a ver com o relacionamento que temos conosco. Aprendi que, se quisermos um relacionamento significativo, com muita conexão, segurança e intimidade, temos que assumir a responsabilidade por ele. Aprendi que um relacionamento é como um espelho: ele vai refletir para nós a relação que temos conosco.

E não estou falando de sentir vergonha ou de se culpar. Pelo contrário, quero que você se sinta no controle e saiba que a mudança que gostaria de ver na sua vida amorosa está nas suas mãos. Sim, mesmo que você acredite que se apega ou se esquiva demais, ou ache que tem algum outro problema. Você *pode* ter um relacionamento saudável. Você não está acabado, nem condenado a ficar sozinho ou a ser infeliz para sempre na sua vida amorosa. Não precisa deixar que o seu jeito de criar vínculo ou o seu passado o limite. Estou falando de gerar mudanças.

Quando conheci meu ex-marido, eu achava que estava madura e pronta para viver uma parceria amorosa e consciente. Eu era iogue havia doze anos e professora de ioga havia oito. Tinha tido vários relacionamentos, sendo o pior deles uma relação abusiva, que eu já tinha processado e superado. Tinha feito terapia. O relacionamento com meu pai era uma ferida aberta (falarei mais sobre isso depois) que eu acreditava que nunca iria sarar por completo, por isso tinha me acostumado a viver com ela. Eu tinha uma ideia de como deveria ser um relacionamento: encontrar uma pessoa que te faça sentir frio na barriga, ter certeza de que ela te trata bem, e, quando se casam, você tem um companheiro para a vida toda.

Meu casamento durou dois anos dolorosos. A verdade é que ser uma professora de ioga inteligente, intuitiva e gentil, que já tinha feito terapia, não foi suficiente para fazer meu casamento dar certo. Eu me recusava a encarar certos assuntos, e, apesar de todo o meu conhecimento sobre a conexão corpo-mente, e muito embora eu tivesse consciência de que tinha um histórico de problemas relacionados ao meu pai, minha vida amorosa havia se tornado um completo caos. Foi esse caos que me motivou a mergulhar nas profundezas de mim mesma, uma coisa que eu nunca havia considerado antes — mergulhar inclusive nas minhas emoções, nas minhas crenças, nos meus medos e no meu comportamento.

O que faltava no meu plano para um relacionamento era a noção desta realidade: a relação que temos conosco é a mais importante de toda a nossa vida, e sempre vamos precisar trabalhar nesse relacionamento para superar as barreiras que nos impedem de estabelecer um vínculo de intimidade emocional verdadeiro com outra pessoa. A lição mais valiosa que aprendi sobre os relacionamentos depois do meu casamento foi que nenhum vínculo vai ter chance se não olharmos para dentro e fizermos a autoanálise necessária para que ele dê certo. Quando melhoramos o relacionamento que temos conosco, melhoramos nosso relacionamento com os outros. Essa é a mais absoluta verdade.

Por mais de vinte anos eu ajudei pessoas a curar seus relacionamentos consigo mesmas e com os outros. Minha jornada para me tornar uma *coach* de relacionamentos começou talvez em um lugar inesperado: no tapete de ioga. Iniciei minha caminhada como professora de ioga na cidade de Nova York, trabalhando em um dos estúdios mais populares da cidade, dando aulas em grupo, individuais, para casais e para famílias. Eu ajudava as pessoas a curarem suas dores. Algumas tinham dor nos ombros, outras tinham dor nas costas ou distensão muscular. Mas todos os alunos tinham dor emocional também.

A qualidade da nossa vida é determinada em grande medida pelos nossos hábitos e padrões diários. Todos nós temos hábitos que nos mantêm estáveis e saudáveis, por exemplo, escovar os dentes, tomar banho, dormir e acordar em um determinado horário, beber água durante o dia, se alimentar direito, ir à academia. Também temos hábitos relacionais, como jantar com a família toda semana, dar beijos e abraços de bom-dia no nosso parceiro, encontrar os amigos em determinados dias da semana, trocar mensagens diariamente com entes queridos e contribuir com nossa comunidade local. Nossos hábitos costumam ser estruturados para atender às nossas necessidades de estabilidade, de conexão e — para alguns mais do que outros — de diversão.

Para além das nossas rotinas diárias e semanais, também temos hábitos físicos que vão impactar nossa fisiologia. O tempo todo vejo pessoas com o ombro curvado, o pescoço e a cabeça se projetando para a frente e para baixo. Isso é causado pelo excesso de preocupações e de pensamentos (uma verdadeira epidemia na cultura ocidental) e também pelo fato de essas pessoas passarem o dia grudadas no celular. E isso, por sua vez, é um sinal frequente de depressão, ansiedade ou cansaço. Os praticantes de ioga aprendem que o corpo não só é uma janela para o nosso estado emocional como também é o meio pelo qual podemos mudar esse estado.

O que estou dizendo é que com movimentos específicos, associados à respiração, podemos treinar nosso corpo e mente para encontrar mais equilíbrio, força e paz.

Como professora de ioga, eu tinha três dons: (1) conseguia identificar o padrão físico de uma pessoa quase instantaneamente; (2) conseguia encontrar a resposta emocional (por exemplo, estresse ou preocupação); e (3) sabia ensinar com clareza aos meus alunos como quebrar padrões e substituí-los por um novo que traria mais tranquilidade para seus corpos e, consequentemente, para suas vidas.

Ensinar ioga para casais era especialmente esclarecedor. Na maioria das vezes, em dez minutos de sessão eu conseguia visualizar e sentir o que os estava estressando. A mente deles ficava dispersa e desfocada. Às vezes acontecia de o casal discutir na minha frente. Ainda assim, depois de uma hora, eles ficavam deitados um ao lado do outro na posição final de relaxamento de ioga chamada *Savasana*, completamente relaxados e de mãos dadas. Ensinando e praticando ioga eu aprendi que, quando nos sentimos bem, nossos relacionamentos melhoram, incluindo o relacionamento que temos conosco. Mal sabia eu que ensinar as pessoas a aliviar suas dores e a se sentir mais em casa em seus corpos estava aos poucos me preparando para uma jornada que nunca imaginei que precisaria fazer.

Comecei a ser *coach* de relacionamentos dentro da mesma comunidade de ioga onde era professora. Eu sabia que para dominar uma nova habilidade seriam necessários milhares de horas de prática e não queria desperdiçar um minuto sequer. Queria me tornar mestre nisso. Meu interesse era me tornar uma especialista o mais rápido possível, e eu sabia que o único meio de fazer isso era trabalhando com o máximo de pessoas que conseguisse.

Minha própria experiência na terapia de casal com meu ex-marido não me ajudou, principalmente porque não nos pediram que nos responsabilizássemos pela nossa contribuição no desmoronamento da nossa conexão. Não fomos encorajados a falar aberta e sinceramente um com outro sobre nossas necessidades e nossos medos mais profundos. Passar por aquela experiência me fez pensar que deveria haver um jeito melhor de ajudar as pessoas a dar um jeito na sua vida amorosa.

Por ter um conhecimento profundo como professora de ioga, compreendo a relação entre a mente e o corpo. Entendo que o modo como nos sentimos fisicamente vai afetar nossas emoções, e que o modo como nos sentimos emocionalmente vai afetar nosso corpo. Também sei que a respiração pode tanto nos acalmar quanto melhorar o funcionamento dos nossos sistemas.

Eu sei quando alguém está segurando a respiração; se eu estiver no telefone com essa pessoa, consigo perceber. Sei quando alguém está apertando a mandíbula, e quando está rangendo os dentes. Eu sei ler a tensão. Um corpo tenso é resultado de uma mente tensa. Uma mente tensa é resultado de um corpo tenso. A tensão que sentimos no corpo é sinal de algum tipo de desequilíbrio; porque a tensão é a resposta do corpo quando você se sente inseguro e fora de controle.

Costumo dizer aos meus clientes: "Inspire fundo; expire fundo". Às vezes eu oriento: "Relaxe por um momento agora. Levante, saia de casa, vá pegar um copo d'água". Essas pequenas ações mudam seu corpo; você vai perceber que entrou em um estado emocional diferente. Outras vezes, tento melhorar o ânimo dos meus clientes aos poucos, fazendo-os dar risada; porque rir é uma ótima maneira de liberar a tensão. E assim eles conseguem olhar para suas circunstâncias de um jeito diferente.

Às vezes eu converso com meus clientes individuais enquanto estamos caminhando juntos, porque andar com outra pessoa é uma poderosa atividade de corregulação. Muita gente consegue pensar com mais clareza quando está movimentando o corpo. Faz bem para o fluxo sanguíneo, ao mesmo tempo que nos deixa mais alertas e relaxados.

Antes de me tornar *coach* de relacionamentos, passei quase vinte anos estudando o fato de que a mente e o corpo funcionam como uma coisa só. Minha capacidade de prescrever certos movimentos ou exercícios respiratórios para ajudar meus clientes a se sentirem mais fortes, a terem mais clareza, ou a estarem mais presentes é o meu diferencial como coach.

Eu acredito que a relação aluno-professor é sagrada. O icônico filme *Karatê Kid* é uma bela demonstração do poder da mentoria e do quanto é importante ter ao menos uma pessoa em nossa vida que possa nos ensinar a dominar uma habilidade. Fui abençoada por ter mentores incríveis, desde meus professores de ioga até os mentores que me ajudaram a transformar minha vida e que continuam a me guiar cada vez mais para me tornar uma professora e uma *coach* ainda melhor. Realmente acredito que quando o aluno está pronto o professor aparece. Se você está lendo este livro, fico feliz e honrada por ter a oportunidade de ser sua mentora, de poder guiar você durante seu aprendizado e sua transformação.

Acredito que todo mundo deveria investir em si mesmo em algum momento da vida. Qual é o trabalho interno que devemos fazer para ter uma vida amorosa incrível? Só que... não é assim que a maioria pensa.

Todo mundo pode ter um relacionamento, mas para construir uma relação incrível e saudável com alguém é necessário ter outra habilidade que ninguém nos ensina a dominar. Ninguém nos ensina realmente a escolher nossos parceiros. Ninguém nos ensina a amar quando estamos com medo, tristes, com raiva ou estressados. A maioria de nós não aprendeu como se faz para continuar se amando mesmo quando o outro deixa de nos amar. Muita gente nunca aprendeu que os relacionamentos existem para fazer bem ao nosso sistema nervoso e não para destruí-lo. Se quisermos nos relacionar melhor, precisamos enfrentar nossos medos e estar dispostos a errar. Não existem atalhos. É assim e pronto. Preciso deixar claro, no entanto, que cada um de nós está em constante evolução. Nosso objetivo não é ser invencível. Não precisamos nos tornar destemidos, superar todos os traumas e ser felizes o tempo todo para ter um relacionamento saudável e gratificante. Além disso, embora a conscientização seja essencial, não podemos parar quando a alcançamos. Todos nós podemos ser conscientes e capazes de reconhecer nossos traumas perfeitamente; só que, se não soubermos o que está nos impedindo de ter relacionamentos saudáveis e amorosos, vamos sempre nos sentir estagnados e infelizes.

Foi por isso que decidi escrever este livro. Não importa se você está solteiro, se sofreu uma grande decepção há pouco tempo ou se quer melhorar sua relação atual. Não importa a história que seu relacionamento conta ou deixa de contar. Vou te mostrar por que você tem tido dificuldade na sua vida amorosa e o que pode fazer para resolver isso. Você *pode* ter um relacionamento saudável e gratificante, e eu vou te mostrar como.

Neste livro você vai encontrar nove verdades sobre amor e relacionamentos que vão mudar sua vida:

- Verdade 1: Começa com você.
- Verdade 2: A mente é um campo de batalha.
- Verdade 3: Desejo não é a mesma coisa que amor.
- Verdade 4: Você precisa se amar.
- Verdade 5: Você precisa falar e dizer a verdade.
- Verdade 6: Você precisa ser sua melhor versão (inclusive depois da lua de mel).
- Verdade 7: Você não pode convencer ninguém a te amar.
- Verdade 8: Ninguém virá te salvar.
- Verdade 9: Você precisa fazer as pazes com seus pais.

Vou compartilhar estudos de casos de clientes reais que tiveram a coragem de se olhar no espelho e se esforçaram para colocar essas verdades em prática na própria vida. Tudo que compartilho e ensino neste livro é exatamente a mesma coisa que faço com meus clientes particulares. Embora a maioria seja de mulheres, as lições são universais, independentemente do gênero ou da orientação sexual. Ao final de cada capítulo, você vai encontrar sugestões de temas para escrever a fim de despertar sua autoconsciência, além de um passo a passo para se preparar para a mudança que precisa fazer.

Cheguei a essas nove verdades com base na minha própria transformação e na experiência dos dez anos que passei sendo *coach* de relacionamentos de milhares de pessoas. Algumas verdades doem mais do que outras; mas, se você se mantiver aberto às mensagens presentes em cada uma, elas vão iluminar seu caminho até um amor saudável e, finalmente, até o amor-próprio.

Começa com você.

VERDADE 1
Começa com você

Não vamos conseguir curar nossa vida amorosa se não curarmos o relacionamento que temos conosco. Todo relacionamento que já tivemos tem uma coisa em comum: nós. Eu sei que pode ser difícil aceitar, mas é necessário. Se não compreendermos essa verdade, vamos continuar nos sentindo impotentes, frustrados e vitimizados nas nossas relações. Isso não tem a ver com culpa ou vergonha, mas com empoderamento. Tem a ver com reconhecer que, ao contrário de estarmos à mercê da nossa infância e dos relacionamentos anteriores, somos agentes da mudança que queremos ver neles. Tem a ver com a percepção de que cada desilusão e desapontamento que nós enfrentamos estava tentando nos ensinar alguma coisa sobre nossos medos, sobre os padrões e crenças que sabotam nossas chances de ter um relacionamento gratificante. Compreender essa verdade fundamental também significa entender que temos muito mais influência sobre um relacionamento do que imaginamos: quando mudamos, temos o poder de transformar nossas relações também. Assumir a responsabilidade pela nossa vida amorosa *é* o que nos cura. Fazer isso muda completamente a maneira como nos vemos; deixamos de nos sentir sem esperança e impotentes para finalmente ter poder e controle. Quando assumimos essa responsabilidade, estamos nos escolhendo.

Tudo na minha vida mudou quando reconheci que todos os

meus relacionamentos anteriores tinham a mim como elemento em comum.

A sua vida vai mudar também quando você perceber que seus problemas de relacionamento não acontecem porque "todos" traem, e sim porque você continua ignorando os sinais de alerta e escolhendo pessoas que traem. O problema não é que "todas as pessoas legais já estão comprometidas", mas sim o fato de você insistir em escolher quem não está disponível. Não é questão de não ter sido escolhido, mas sim de você não se escolher. E não é simplesmente um comportamento de esquiva da parte do outro, mas sim o fato de que a sua ansiedade influencia também.

Às vezes uma relação não dá certo. Todos temos padrões que não nos fazem bem, nem aos nossos parceiros. Todos temos uma bagagem. Na verdade, estamos todos fazendo o melhor que podemos com o nível de maturidade e experiência que temos. E é nisso que esse livro vai ajudar: mostrando a você que é possível crescer de um jeito que nunca pensou ser possível. Com as ferramentas que vai receber e a perspectiva que vai ganhar, você vai aprender a se tornar especialista na sua vida amorosa.

Ao longo deste livro você será lembrado constantemente desta verdade simples mas transformadora: é preciso começar por você. Se deseja ter um relacionamento repleto de amor, saudável, empolgante e com companheirismo, precisa continuar tentando ser a melhor e mais corajosa versão de si mesmo. Você precisa ser o amor que gostaria de amplificar. Precisa se comunicar em um nível que supere suas expectativas a respeito da sua pessoa. Se estiver namorando, precisa ser completamente autêntico mesmo quando a atração física te deixar fora do eixo. A verdade é que, mesmo que você encontre o parceiro com quem sempre sonhou, ainda assim vai precisar enfrentar seus demônios. Vai ter que encarar a si mesmo o tempo todo. Para ter um relacionamento maduro, é preciso ter atitude; amadurecer para além da nossa zona de conforto e elevar nossa inteligência emocional. Em vez de diagnosticar a outra pessoa, precisamos respirar, dar um passo atrás e analisar se nosso papel naquela dinâmica está contribuindo para a segurança emocional da relação. Em outras palavras, se você quer transformar a sua vida amorosa, precisa olhar para dentro de si. Esse é o único caminho.

"Todo mundo trai"

Quando Jennifer me procurou, ela tinha 37 anos, uma carreira na política e dois filhos pequenos. Jennifer é extremamente inteligente, atraente e autossuficiente. O problema dela era que todo homem com quem se relacionava a traía.

Jennifer tinha duas crenças: (1) todo homem trai, logo não é digno de confiança, e (2) ela era incapaz de ter um relacionamento saudável. Ela estava enfrentando um enorme conflito interno: por um lado, tinha se convencido de que era melhor ficar sozinha; mas, por outro, desejava desesperadamente uma parceria duradoura e saudável. Era uma batalha interior que já durava muitos anos.

O desejo de estar em uma relação geralmente era mais forte que o medo de estar com alguém, então ela começou a sair com Tony, um homem gentil, companheiro, honesto e responsável — que também era pai. Prestei bastante atenção ao comportamento dele para ver se revelava qualquer sinal de disfuncionalidade; porém, com base nos relatos detalhados de Jennifer sobre o namoro deles, não consegui encontrar nenhum.

Quando os dois começaram a passar mais tempo juntos e se tornaram oficialmente um casal, Jennifer — e não Tony — começou a se revelar. Ela era um gatilho ambulante prestes a implodir. Apesar da transparência de Tony, ela era obsessiva e ciumenta, e se descontrolava sempre que ele falava com outra mulher. Quando isso acontecia, a mente de Jennifer distorcia a realidade e ela se achava no direito de dizer a Tony como ele devia conduzir algumas de suas amizades. Em seguida ela criava todo um roteiro de como explicaria "para que ele pudesse entender" por que ela não se sentia confortável quando Tony interagia com outras mulheres.

Durante uma sessão por vídeo, percebi que havia um desequilíbrio no sistema nervoso dela. Seus ombros estavam tão tensos que quase encostavam nas orelhas, o maxilar estava travado e ela contava, em voz alta e falando muito rápido, que Tony ainda não tinha respondido suas mensagens sobre os planos deles para aquele fim de semana. (Ainda era quinta-feira, e ele sempre respondia às mensagens dela.)

Enquanto a escutava, senti meu corpo começar a ficar tenso e ser inundado pela ansiedade. Eu precisava agir rápido e retomar o controle da nossa sessão.

— Certo, só um minuto, Jennifer — eu disse. — Isso não tem nada a ver com o Tony e sim com você.

— Mas... — ela respondeu, seu corpo ficando ainda mais tenso e rígido.

— Não — interrompi. — Você está a um passo de sabotar gravemente o seu relacionamento e eu sei que não é isso que você quer. Então, por favor, respire fundo — pedi, também respirando fundo.

Esperei enquanto ela inspirava fundo pelo nariz.

— Isso... agora, solte o ar devagar pela boca — incentivei.

Vi o seu corpo relaxar e senti o meu próprio sistema nervoso relaxar também.

— Muito bem. Agora, por favor, pegue papel e caneta.

Durante a hora seguinte, pedi que Jennifer escrevesse em detalhes todos os sinais de alerta que tinha ignorado nos seus relacionamentos anteriores com homens que haviam mentido para ela. Nem preciso dizer que ela escreveu uma lista extensa. Os sinais de alerta que ela relacionou incluíam "alcoolista", "já tinha traído as ex", "não conversava com os filhos", "comportamento agressivo", "estava sempre desempregado". Tudo isso ela havia descoberto já nos primeiros meses de namoro.

— O problema não é que todo homem trai, Jennifer. Você escolhia homens que traem. Você se sentia atraída por homens que vinham com um caminhão de problemas não resolvidos, e é por isso que tem um histórico de relacionamentos turbulentos. Agora, por favor, escreva como *você* contribuiu para que aquelas relações fossem disfuncionais.

No fim da nossa sessão, Jennifer tinha escrito uma página inteira com exemplos de suas contribuições para os problemas de suas relações anteriores: começando por beber demais e procurar briga, passando por manipular, precisar de garantias demais, ser um capacho, até chegar ao fato de não comunicar nenhuma das suas necessidades.

Eu sabia que teríamos que explorar o motivo de ela sempre recorrer a esses comportamentos nocivos, mas primeiro precisava mostrar que o seu jeito de pensar era uma forma de autossabotagem. Se não se responsabilizasse antes de mais nada, Jennifer nunca estaria em um relacionamento digno dela. Sem assumir sua responsabilidade, nada mudaria.

— Uau — Jennifer disse depois de revisar atentamente as anotações que fez durante a sessão. — Acabei de me dar conta de uma coisa. Acho que sempre tive muito medo de não ser boa o bastante; de nunca ser o suficiente para um homem ficar comigo. Eu tinha medo de, por alguma razão, não merecer um relacionamento saudável.

Essa revelação transformaria a vida amorosa de Jennifer.

Todo mundo tem medo de não ser bom o bastante

Quando eu tinha 11 anos, meu pai, psiquiatra, publicou um livro intitulado *The Difficult Child* [Criança difícil, em tradução livre], que rapidamente foi considerado um dos trabalhos mais influentes sobre psicologia infantil da época. Nas livrarias, ele ficava lado a lado com obras de lendas da psicologia infantil como o Dr. Spock.[1] Meu pai foi convidado a participar do programa da Oprah duas vezes: uma para promover e falar sobre seu livro e outra porque tinha se tornado o especialista preferido da apresentadora para diversas questões envolvendo crianças.

E qual era o assunto do livro? Eu.

Quando era bebê, eu chorava o tempo todo e não me ajustava a um ritmo circadiano regular. Quando comecei a andar, eu era exigente com a rotina que havia estabelecido, odiava a sensação de alguns tipos de tecido na minha pele, além de só comer sanduíche de mortadela no almoço e espaguete à bolonhesa no jantar durante meses. E eu fazia birra o tempo todo. Já minhas irmãs eram mais "normais"; uma era bem mais velha, e a outra, também mais velha do que eu, tinha um temperamento mais tranquilo. Meu pai, sendo um psiquiatra infantil, queria entender *por que* eu me comportava daquele jeito; por que eu era a criança no playground que, mesmo sem qualquer "gatilho aparente", explodia, gritava e chorava, fazendo minha mãe entrar em pânico enquanto tentava me consolar. (Ela sempre conseguia.) Por isso ele me colocou na lente do microscópio, me estudou e me diagnosticou como uma "criança difícil".

Meu pai escreveu que as crianças difíceis nascem desse jeito — os pais podiam ficar tranquilos, portanto, pois não tinham fracassado. Ele deu aos pais ferramentas para lidar com filhos difíceis, que incluíam uma rotina, comunicação específica, entre outras coisas. E ele também escreveu que eu tinha qualidades: era engraçada, tinha imaginação e era inteligente, assim como socializava bem com

---

1   Benjamin Spock (1903-1998) foi um pediatra norte-americano, autor de um dos maiores best-sellers do século XX: *Baby and Child Care*, lançado em 1946 e publicado no Brasil com o título *Meu filho, meu tesouro*. (N. E.)

outras crianças (quer dizer, nem tudo estava perdido!). E então ele acrescentou que, quando fiz 11 anos, de fato deixei de ser "difícil" e passei a ser uma criança "normal" bem ajustada, o que deu aos leitores dele esperança quanto a suas próprias crianças difíceis.

No entanto, apesar de ter deixado de ser "difícil", foi complicado me libertar desse "rótulo". As pessoas se referiram a mim dessa forma durante toda a minha infância; e até mesmo quando me tornei uma jovem adulta ainda encontrava pais que, depois de ouvir o meu nome, ficavam admirados: "Não acredito, eu li o livro do seu pai!".

Eu não era a Jillian. Eu era *difícil*.

E foi assim que comecei a sentir que não era suficiente.

Para curar nossa vida amorosa e aprender a cocriar um relacionamento saudável com outra pessoa, primeiro precisamos entender que *todo mundo* tem medo de não ser bom o suficiente em algum nível: medo de não ser suficientemente bonito, inteligente, magro, interessante, rico, atraente, bem-sucedido, tranquilo, engraçado. Principalmente, temos medo de não sermos o bastante para a pessoa com quem estamos nos relacionando ou simplesmente saindo. Não importa qual seja o seu estilo de apego, *ninguém* quer ser rejeitado ou abandonado, e somos capazes de fazer praticamente qualquer coisa para evitar que isso aconteça conosco. Vamos ser grudentos, mentir, agradar, evitar, gritar, chorar, nos fechar, fingir ser quem não somos, criar estratégias, manipular, nos isolar, ou então vamos terminar primeiro para não ter que sentir a dor imensa de constatar que alguém perdeu o interesse em nós ou deixou de nos amar.

À medida que fomos trabalhando juntas, minha cliente Jennifer de fato decidiu pôr um ponto final em seu relacionamento com Tony porque, por mais que gostasse dele — e apesar de ele não tê-la traído nem exibido os comportamentos tóxicos dos parceiros anteriores —, os dois não compartilhavam os mesmos objetivos principais. Ele queria ter mais filhos; ela não. Ele queria mudar de cidade; ela não. No entanto, ao contrário de seus relacionamentos tóxicos anteriores, ela saiu dessa relação com clareza mental e segurança. Em vez de se apegar a um romance que não era certo porque tinha um medo enorme de ficar sozinha, ela decidiu que ficar sozinha era muito melhor e mais saudável do que permanecer em uma relação que não era a ideal.

É verdade que Tony era um parceiro melhor do que os anteriores, uma vez que não era completamente disfuncional; ainda assim, não era certo para ela. O importante é que Jennifer agora entendia que merecia um relacionamento saudável com o parceiro certo. Foi uma grande evolução para ela. Pela primeira vez, Jennifer terminou um namoro e se comprometeu a ficar sozinha até que chegasse o momento de sair novamente e conhecer a pessoa certa — para ela. Pela primeira vez em sua vida amorosa, ela estava escolhendo a si mesma.

Ajudei-a a encontrar meios significativos de atender suas necessidades e cultivar seu relacionamento consigo mesma em vez de ficar obcecada por encontrar um homem (darei mais detalhes sobre isso na Verdade 4). Ela começou novos projetos, cuidou do seu jardim e passou mais tempo de qualidade com os filhos. Como sempre havia sido muito reativa, Jennifer praticou a atenção plena, tentando respirar fundo antes de reagir a gatilhos. Ela aprendeu que a paz, a comunicação e a honestidade eram agora seus valores mais importantes, e se comprometeu a continuar solteira até encontrar alguém que compartilhasse os mesmos valores. A maior força de Jennifer era sua responsabilidade pessoal. Ela estava sempre disposta a se olhar no espelho, a fazer autorreflexões e a ser completamente honesta comigo e, mais importante, consigo mesma. Essa força a ajudou a mudar a maneira como escolhia os parceiros e transformou seu modo de agir nas relações. Antes ela se comprometia facilmente com o primeiro homem com quem sentia uma conexão. Quando voltou a namorar durante o período em que trabalhamos juntas, ela prometeu a si mesma que só se envolveria com alguém que cultivasse valores parecidos: paz, comunicação aberta e honestidade. Nunca vou esquecer de quando ela me disse: "Jillian, vou esperar por quantas semanas, meses ou anos sejam necessários para conhecer um homem bacana que tenha os mesmos valores que eu. Nesse meio-tempo, vou focar minha atenção nos meus filhos, no trabalho e nas minhas amigas incríveis". Meus olhos se encheram de lágrimas. Era uma grande vitória para uma mulher que antes acreditava que todos os homens traem e que tinha medo de ficar sozinha. Quando assumiu a responsabilidade por suas escolhas e comportamentos, Jennifer aprendeu a se escolher. No fim das contas, poucos meses se passaram até ela conhecer o homem com quem continua a construir um relacionamento saudável e seguro até hoje.

Grande parte do processo de cura envolve aprender a se aceitar, apesar dos nossos defeitos. Encontrar a cura em nossos relacionamentos significa que, embora seja provável que enfrentemos momentos de insegurança, imaginando que somos insuficientes, também somos capazes de aprender a reagir aos nossos medos de maneira diferente, para que eles deixem de nos controlar e de definir nossas relações. O primeiro passo, então, é entender como nossas dificuldades pessoais se manifestam em padrões que impactam negativamente nossas vidas amorosas. Precisamos entender os aspectos nos quais temos dificuldade de sentir que somos suficientes e de que maneira o medo impacta nossos relacionamentos. Se você quer entender seus padrões, precisa saber o que costuma fazer e que tipo de decisão você toma quando se sente inseguro e com medo de que o amor seja tirado de você ou de que não seja escolhido por alguém que deseja.

Quando nos comprometemos a estar em um relacionamento saudável, não fazemos joguinhos. Simples assim.

Transforme o seu relacionamento

— Ele quer dar um tempo para ver se é o melhor para nós — ela disse, chorando, durante os primeiros dez minutos da nossa sessão por vídeo.

— Por que ele quer dar um tempo? — perguntei.

— Ele falou que nós estamos tentando há mais de um ano melhorar a nossa relação, mas acha que não está dando certo. E eu teimo com ele que é porque ele não está tentando.

Christina é uma bela massoterapeuta de 34 anos que mora no Brooklyn, em Nova York. Ela é estilosa, inteligente, engraçada e interessante. Ela ama ioga, arte, viagens e jantares longos com os amigos, para conversar sobre o amor e o significado da vida. Eu me via sendo amiga dela no mundo real, principalmente quando ainda era professora de ioga e morava no Brooklyn. Ela parecia o tipo de pessoa que eu curto. Quando me procurou, estava ansiosa e arrasada porque Brad, com quem era casada havia quatro anos, tinha proposto que os dois tentassem ficar separados por um tempo. Nossa primeira sessão foi, basicamente, ela desabafando e eu ouvindo e sendo solidária.

— Jillian — ela disse de repente, em meio às lágrimas —, ele sempre foge da conversa. Toda vez que eu quero falar sobre um problema, ele arranja uma desculpa, dizendo que está ocupado demais para discutir a relação. Eu quero que o nosso casamento dê certo. Quero lutar pelo que nós temos, mas não posso fazer isso sozinha.

Eu acreditava no que Christina estava me contando, e minha vontade era responder: "É claro que você não pode fazer isso sozinha! Ele é um cretino! Precisa parar com essa palhaçada de fugir da conversa e começar a se esforçar".

Ainda bem que não falei nada disso. A verdade é que é fácil acreditar na história de um cliente, e eu sou o tipo de *coach* que sempre vai defender a pessoa com quem estou trabalhando. Só que defender não significa concordar, e sim ajudar. E naquele momento eu precisava me lembrar dos ensinamentos do meu sábio mentor: não projete sua experiência pessoal no seu cliente, sempre questione a história que ele conta para si mesmo e lembre-se de que toda história tem dois lados (exceto em casos de violência e abusos). Eu entendia Christina e sua frustração, mas meu lado professora experiente sabia que aquela situação tinha que ter mais elementos. Não é que eu duvidasse dos problemas criados pelo marido dela, mas, à medida que fui me aprofundando com Christina, eu me perguntava: *Será que ela está contribuindo para as coisas não darem certo nessa relação?*

— Me conte o que não está dando certo — pedi, falando com tranquilidade.

— Nós nos conhecemos há um bom tempo, apresentados por amigos, mas na época não aconteceu nada. Até que, cinco anos atrás, nos reencontramos em um jantar. A conexão foi instantânea e nós começamos a namorar logo depois daquela noite. Nós nos apaixonamos rápido. Eu me sentia tão confortável ao lado dele; tão desejada. Sentia que tinha sido escolhida de um jeito que nunca havia sentido antes. Depois de um ano e meio nos casamos, e deu muito certo nos dois primeiros anos. Éramos felizes! Mas então ele começou a se afastar...

— O que estava acontecendo quando ele começou a se afastar? — interrompi.

— Não sei. Acho que foi quando começamos a brigar muito. Ele estava ficando cada vez mais ocupado no trabalho... tinha aberto uma empresa e se dedicava demais aos negócios. Eu sempre amei apoiar os sonhos dele, mas comecei a me sentir menos importante à medida que ele foi ficando mais ocupado e passou a ter menos tempo para nós. Eu gosto do meu trabalho também, mas prefiro ter equilíbrio na vida.

— Eu compreendo que passar a receber menos atenção dele fez você se sentir ansiosa — eu a tranquilizei.

— É, acho que fiquei ansiosa mesmo, mas eu também tinha muita raiva.

— Como assim?

— Eu ficava irritada — ela respondeu rápido.

— E então o que acontecia? — perguntei, muito interessada no que ela iria responder.

Assim que Christina admitiu sentir raiva e irritação, eu *sabia* que estava prestes a descobrir alguns de seus comportamentos disfuncionais em relacionamentos. Ser *coach* é como ser um detetive tentando solucionar um caso importante. Se você quiser realmente ajudar alguém a salvar uma relação, precisa fazer muitas perguntas e analisar o estado emocional dos seus clientes, as histórias e os preconceitos deles, até chegar à verdade. Os seres humanos são criaturas complicadas, por isso é difícil solucionar os problemas deles. Eu precisava prestar atenção a cada detalhe que Christina compartilhava.

— Bom, quando ele me ligava do trabalho, eu não atendia. Não porque estivesse ocupada, mas para... acho que fazê-lo provar do próprio veneno? — Ela me olhou como uma criança que tinha acabado de ser flagrada com a mão dentro do pote de biscoitos. — Eu sei que isso não é legal, mas eu ficava magoada de verdade. Ele não se comunica bem; gosta que as coisas sejam fáceis, e toda vez que eu digo que estou preocupada ele acaba se afastando, o que me deixa ainda mais chateada. Daí acabo explodindo e fico irritada toda vez que o sinto se afastar.

Embora estivesse grata e impressionada com as revelações e a total honestidade de Christina durante a conversa, eu sabia que estava tendo acesso apenas à sua versão da história. Normalmente, quando trabalho com alguém que precisa de ajuda no relacionamento, peço para conversar com o parceiro pelo menos uma vez. Infelizmente o marido dela, Brad, não estava disposto a participar de uma sessão sozinho comigo e muito menos junto com

Christina. Ele achava que já tinha ido a terapeutas e conselheiros demais e tinha desistido de tentar. Eu não podia culpá-lo. Se nada disso tinha funcionado, no lugar dele eu também não iria querer continuar insistindo.

Ver os dois juntos teria sido ideal para meu trabalho com Christina, mas eu só tinha acesso a ela, e minha missão era ajudá-la a mudar o padrão de comportamento *dela* e torcer para, à medida que ela praticasse ser a mudança que gostaria de ver no seu casamento, as coisas começassem a melhorar.

Fui bem direta.

— Eu não tenho dúvidas de que Brad não tem se comunicado bem com você e que você está magoada, Christina. Mas eu só tenho acesso a você, e, se você quiser melhorar o seu casamento, precisa mudar alguns dos seus comportamentos. Você precisa dar o primeiro passo. Não importa se estamos com medo, inseguros ou frustrados, quando nos comprometemos a estar em uma relação saudável, não fazemos joguinhos e nos comunicamos. Nem sempre é fácil, mas tem que ser desse jeito.

Ela ficou em silêncio, ouvindo.

O problema de Christina com Brad não era incomum. Quando estamos em um relacionamento, queremos sentir que somos a primeira opção do nosso parceiro. Queremos que a relação seja sua prioridade. Assim que alguma coisa rouba a atenção do outro — foi o que aconteceu com Brad e a ampliação de seu negócio —, achamos que perdemos a importância para o parceiro. E é nesse momento que entramos em pânico. Nosso instinto de sobrevivência entra em ação, e consequentemente muitos de nós recorremos a jogos de manipulação, em um esforço desesperado para recuperar o controle que acreditamos ter perdido. A maioria de nós, se formos sinceros, vai admitir que em algum momento já regulou carinho e amor porque estava tentando receber mais atenção do outro. Essa era a estratégia de Christina. Ela pensava: *Se eu fingir que não estou nem aí, se eu bancar a difícil, ignorando as ligações, talvez ele venha correndo até mim.* A verdade é que, se ela queria receber mais atenção, precisava de uma estratégia diferente.

— Christina — falei abertamente —, você está apavorada com a possibilidade de seu marido, o homem com quem divide a cama toda noite, com quem compartilhou sua alma e se comprometeu a passar o resto da vida, não estar mais apaixonado por você. Você está com esse medo há mais de um ano. Eu *conheço* esse medo. Já estive no seu lugar. Mas também sei que, quando estamos com medo, cometemos erros. Ele não é nenhum santo... fique tranquila, eu sei. Mas você também contribuiu para essa situação, e nunca vai conseguir fazê-lo se aproximar de você punindo-o quando não atende as ligações ou brigando com ele. Eu quero que você se sinta ouvida, Christina. Mas também quero que você *o* escute.

Ela começou a chorar.

— Mas como eu faço isso?

— Você ainda o ama? — perguntei.

— Sim — ela respondeu, chorando. — Ele é uma pessoa muito especial. Um homem bom.

Fiquei tocada com a vulnerabilidade dela.

— Então eu vou ensinar você — respondi.

Nas semanas seguintes, instruí Christina para agir de maneira diferente em seu relacionamento. No início, quando me procurou, ela acreditava que todos os seus problemas conjugais eram causados pelo fato de Brad estar sempre muito ocupado e se afastar quando as coisas ficavam difíceis. Mas nas sessões seguintes o papel de Christina na desconexão entre os dois ficou mais claro.

Brad tentava com frequência se conectar com ela, mas era rejeitado. Ela ficava rolando o feed de suas redes sociais enquanto ele tentava contar sobre alguma coisa que tinha acontecido no trabalho. Ele ligava várias vezes ao dia quando estava viajando e era recebido com frieza ou com uma reclamação de que telefonava pouco.

Quando toquei no assunto, me preparei para vê-la na defensiva e fiquei aliviada quando isso não aconteceu. Ela estava disposta a enxergar as coisas de um ponto de vista diferente. Estava disposta a considerar que ela e o marido faziam parte de uma dinâmica e que no caso deles não havia vítima nem vilão: havia duas pessoas que não sabiam o que fazer para se manter conectadas diante dos desafios.

Então, ensinei a Christina como construir uma ponte de volta para seu marido.

Christina me procurou porque tentava desesperadamente evitar que Brad a deixasse. Sua narrativa era a de que o marido estava abandonando tanto ela quanto a relação; que ele e a falta de comunicação dele eram a causa dos problemas entre os dois. No fundo ela não se sentia amada, estava insegura e confusa, sem entender por que os sentimentos dele por ela tinham mudado. Ela não se sentia mais escolhida. Consequentemente, reagia com frieza, se queixava e se recusava a se comunicar com ele de maneira honesta.

Ela estava obcecada pelas próprias necessidades e não pensava mais nas dele.

Dei a ela um desafio de trinta dias para atender as principais necessidades do Brad com relação a amor, segurança e diversão. Para isso, ela teria que amá-lo da mesma forma que tinha amado nos dois primeiros anos de casamento e fazê-lo se sentir desejado, escolhido e valorizado como ela costumava fazer. É óbvio que eu não queria que Christina abandonasse suas próprias necessidades durante o processo; por isso, conversamos diversas vezes por semana para avaliar se o fato de ela tratar Brad de um jeito diferente o faria se sentir notado e inspirado a mudar também. Se isso não acontecesse, eu sabia que teria de ajudá-la a seguir em frente.

Felizmente, não precisei me preocupar com isso. Como esperado, Brad parou de falar sobre separação, e no 19º dia do desafio ele concordou em fazer algumas sessões comigo. Com a minha ajuda começaram a se comunicar com mais honestidade um com outro sobre suas dores, ressentimentos e medos. Ele começou a planejar encontros à noite e a tranquilizar Christina quando ela se sentia desconectada pelo fato de ele precisar trabalhar no fim de semana. No fim dos trinta dias, Brad e Christina estavam planejando viagens de fim de semana.

Essa história teve um final feliz, mas não foi nem um pouco parecido com o dos filmes. Houve muitas lágrimas, uma porção de sentimentos desconfortáveis e muito medo. No entanto, Christina sabia que tinha que escolher: continuar culpando Brad, ou recuperar seu poder e se tornar a mudança que gostaria de ver no seu casamento. Se não funcionasse, pelo menos ela poderia se olhar no espelho e saber que tinha tomado uma atitude. E essa é uma história muito melhor do que uma história de abandono.

Identificando padrões

Uma vez me perguntaram no Instagram: "Como eu faço para deixar de ser terapeuta de todos os meus parceiros?".

E eu respondi: "Quando se der conta de que não precisa curar, consertar ou resgatar alguém para que possa se sentir importante e merecedor, você vai começar a escolher parceiros que não precisam ser salvos".

Todos temos padrões que atrapalham nossas vidas amorosas, e todos estamos lidando com alguma questão. Para alguns de nós, como a pessoa que me enviou a mensagem no Instagram, é o nosso medo de não sermos suficientes que nos motiva a descobrir um jeito de sermos *necessários* em nossos relacionamentos. Assim, em vez de procurar um parceiro, buscamos um projeto, alguém que possamos consertar, para que sejamos heróis e o outro passe a depender de nós e nunca nos abandone. Estou aqui para lembrar você de que, não importa o quanto seu padrão de comportamento seja complexo, você não precisa ser perfeito, nem curar cada trauma da infância para se sentir suficiente, feliz e realizado em uma relação.

Você precisa ter consciência e estar disposto a fazer as coisas de um jeito diferente. Se quisermos evoluir e nos curar, não podemos evitar o espelho. Independentemente das nossas experiências anteriores ou da duração dos nossos relacionamentos — duas semanas ou vinte anos —, todos temos que nos esforçar para não nos comportarmos como crianças quando nos vemos diante de gatilhos. Todo mundo precisa se esforçar para curar partes do passado, e todos precisamos nos esforçar para assumir a responsabilidade quando nosso instinto manda culpar o outro. Estar em um relacionamento significa que precisamos nos abrir, falar e quebrar padrões; afinal, mesmo quando estamos com a pessoa certa, temos que nos encarar. E é verdade que alguns de nós precisarão se esforçar mais do que outros, mas não permita que isso desencoraje você. Eu já disse isso antes e vou repetir: ninguém nos ensina a amar quando estamos com medo, tristes, com raiva ou estressados. Ninguém nos ensina a escolher nossos parceiros; ninguém nos ensina que aquilo a que fomos condicionados na infância se manifesta em nossos relacionamentos na fase adulta. Ninguém nos ensina o que significa ser um bom parceiro, ou como entregar nosso coração a pessoas boas, e como protegê-lo daquelas que não são tão boas. Mas é possível aprender.

Precisamos nos perdoar pelos erros que cometemos em nossos relacionamentos e assumir a responsabilidade de aprender novas habilidades e desaprender antigos padrões.

A maioria de nós não aprendeu o que fazer para continuar se amando mesmo quando o outro deixa de nos amar. A maioria nunca aprendeu que um relacionamento foi feito para despertar uma sensação boa no nosso corpo. Mesmo que um relacionamento de longo prazo passe por períodos turbulentos e de tensão, no fim do dia todo relacionamento deve ser como um porto seguro para onde sempre podemos voltar.

PRATICANDO ESSA VERDADE

Autorreflexão

Uma das perguntas mais poderosas que podemos nos fazer é: *Como estou contribuindo para o que não está dando certo na minha vida amorosa?*

Em seu caderno ou diário, responda às seguintes perguntas:

Será que eu poderia ter mais discernimento quando escolho um parceiro?

O que eu costumo fazer quando sou reativo nos meus relacionamentos?

Em que situações tolerei ser maltratado?

Em que situações tive dificuldade de perceber que sou merecedor do amor que desejo?

O que tenho dificuldade de comunicar?

Em que momentos evitei ter conversas difíceis?

Você se lembra da Jennifer? Uma de suas maiores dificuldades nas relações era o fato de ser extremamente reativa. Sempre que se sentia insegura, em vez de esperar um pouco para tentar organizar suas emoções intensas, ela reagia na mesma hora e começava uma briga com o parceiro. Uma parte do meu trabalho foi ensiná-la a aumentar o intervalo entre se sentir provocada por alguma coisa e reagir. Essa mudança não acontece do dia para a noite; é preciso praticar. Ela precisou treinar sistematicamente a percepção do que estava acontecendo dentro do seu corpo quando se sentia ameaçada. Depois, precisou praticar esperar alguns minutos, nos quais ela respirava fundo e questionava seus pensamentos, para em seguida responder em vez de explodir. Jennifer precisou de paciência, dedicação e muita, muita prática. Na Verdade 6, vou escrever mais sobre como treinar para ser menos reativo.

Como mencionei anteriormente neste capítulo, precisamos ser a mudança que desejamos ver em nossas vidas amorosas, e precisamos dar o primeiro passo. A responsabilização pessoal é a única maneira de criar uma mudança, e grande parte dessa responsabilização advém do modo como cuidamos de nós.

O verdadeiro autocuidado

Para ter um relacionamento saudável, precisamos cultivar a relação que temos conosco. E, para que possamos cuidar de nós, precisamos compreender efetivamente nossa natureza. Se você se considera sensível (ou seja, se está sempre conectado com seu entorno e com as emoções dos outros, ou se sente facilmente sobrecarregado quando recebe muito estímulo mental ou físico), generoso (no sentido de que está sempre pronto a ajudar, amar e cuidar) ou ambos, então com frequência precisa de uma ajuda extra para priorizar a si mesmo. O que vou dizer agora será bem útil para você.

Ser sensível ao extremo não é uma falha de caráter. É da sua natureza.

Ser generoso significa que você valoriza a generosidade e que ajudar os outros é uma fonte de alegria para você. Isso não é um defeito.

Rejeitar sua própria sensibilidade vai forçar você a entrar em guerra consigo mesmo. Você precisa honrar essa parte e, ao mesmo tempo, criar estratégias para equilibrar sua mente e corpo para se tornar mais resiliente.

A seguir apresento as sugestões que faço a todos os meus clientes. Elas são importantes principalmente se você é sensível ou se está lidando com um trauma, ou tende a pensar demais, ou tem dificuldade para estabelecer limites pessoais. Ser muito sensível significa que você provavelmente se sente sobrecarregado com facilidade e à mercê das energias e humores das outras pessoas. Assumir o controle de nossa vida implica nos comprometermos a fazer o que for necessário para poder funcionar melhor.

Movimento

Todos os dias você precisa colocar o seu corpo em movimento para se sentir mais energizado, e não menos.

Estas são as práticas de movimento que costumo recomendar para quem quer sentir maior equilíbrio entre corpo e mente: longas caminhadas, ioga, pilates, treinamento de força, nadar e dançar. Não tem nada melhor para sair de dentro da mente e focar no corpo do que dançar ao som de uma música que amamos.

Se você gosta de esportes, essa também é uma ótima maneira de cuidar de si mesmo. Às vezes mexer o corpo em movimento em uma atividade em grupo, por exemplo, jogar tênis ou um esporte coletivo, pode ser bem útil, porque você estará ao mesmo tempo suprindo sua necessidade de conexão e comunidade enquanto se movimenta.

Se for possível fazer qualquer uma dessas atividades ao ar livre, melhor ainda. Se não for uma possibilidade para você, faça um esforço para passar mais tempo ao ar livre.

Se você está em um relacionamento, sair para dar uma volta juntos é uma ótima forma de corregulação. Exercitar-se também pode ser uma atividade divertida para fazer juntos.

Brincar

Brincar é a atividade mais subestimada quando o assunto é ter um relacionamento saudável conosco e com os outros, embora seja aquela que nos faz sentir mais vivos. E é o que falta na maioria dos relacionamentos — vivacidade. A maior parte das pessoas acaba tendo comportamentos infantis nas suas relações, sendo egoístas, reativas, pouco confiáveis ou inflexíveis. Agir como criança, no entanto, é o que nos cura. Agir como criança significa estar aberto, ser curioso, aventureiro, brincalhão e imaginativo. Muito do trabalho interior que precisamos fazer envolve aprender a nos reconectar com nossas partes mais divertidas, aventureiras e criativas; aquelas partes que não estão sobrecarregadas por todas as regras e expectativas com as quais convivemos. Brincar é o que nos ajuda a rir, e rir é um dos melhores modos de nos conectarmos.

Faça mais coisas que são divertidas para você. Passe mais tempo de qualidade com seus amigos. Pratique esportes toda semana, se gostar de esporte. Se estiver em um relacionamento, jogue Twister com seu parceiro. Embarque em uma aventura a dois ou sozinho. Não tenha medo de ser brincalhão às vezes, seja enviando um GIF para seu parceiro ou jogando jogos de tabuleiro, se você curtir.

Se estiver em um relacionamento, abrace mais. Fique de mãos dadas. O toque tem um poderoso efeito calmante para nosso sistema nervoso.

Descanse

Você precisa tirar um tempo para descansar todos os dias. Pode ser reservando vinte minutos para se deitar ou simplesmente se sentar e desconectar. Também pode ser escolhendo um dia da semana para não ter compromissos. Meditar é um dos principais modos de descansar. Existem vários tipos de meditação, e sugiro que você encontre aquela que funciona melhor para você. O melhor jeito de começar é buscando "meditação guiada" no Google e encontrando alguém que tenha uma voz tranquila e que você possa ouvir por dez a vinte minutos, duas vezes ao dia se possível. Isso fará uma grande diferença para sua sensação de estresse e sobrecarga.

É preciso ter muita coragem para olhar para dentro de nós. Não só no sentido de nos responsabilizarmos pelas nossas vidas, mas também de mergulhar fundo para buscar a força de vontade, a determinação e a inspiração para fazer as mudanças de que precisamos. Nem todas as pessoas estão dispostas a fazer isso, porque temos muito medo do que podemos descobrir. Elas também estão ocupadas culpando os outros. Quero que você saiba que eu vejo você. O fato de você querer evoluir, assumir o controle da sua vida e direcioná-la para o caminho certo é extraordinário. A verdade mais profunda por trás de "Começa com você" é que você tem mais influência sobre sua vida amorosa do que poderia imaginar. Até nos seus momentos de maior fraqueza, você tem o poder de se curar.

VERDADE 2

A mente é um campo de batalha

Se você pensar demais, seu relacionamento morre.

Os relacionamentos sofrem quando ficamos presos aos nossos pensamentos, não nos comunicamos e criamos histórias que não têm nenhum vínculo com a realidade. Quando ficamos inseguros, cheios de dúvidas ou não temos certeza do que sentem por nós, podemos facilmente (e neuroticamente) imaginar o que estão pensando ou sentindo — mesmo quando na verdade não temos a menor ideia do que estão pensando ou sentindo. Porém, quanto mais nos convencemos de que *sabemos* o que o outro está pensando ou sentindo, mais fácil fica *nos* sentirmos rejeitados, frustrados, com raiva e magoados. Quanto mais rejeitados, frustrados, irritados e magoados nos sentimos, maior é a probabilidade de reagirmos, atacarmos, castigarmos, negarmos, nos agarrarmos, projetarmos, instigarmos e sabotarmos.

Nossa mente se torna um campos de batalha, e somos os únicos capazes de parar a briga.

Se ele me amasse de verdade...

Kelly, que alegava ter mania de controle, se irritava com o comportamento despreocupado do marido, Mike. Quando me procurou, uma das primeiras coisas que ela me disse foi: "Meu marido menospreza meus sentimentos". Quando alguém me diz com essa convicção que o parceiro menospreza seus sentimentos, já sei que estou lidando com uma situação difícil, que pode levar a um divórcio, ou, do contrário, as duas pessoas podem seguir juntas, se sentindo ignoradas, incompreendidas e infelizes.

— Como assim? — pergunto a ela.

— Eu tenho tanta coisa para fazer — Kelly respondeu. Ela estava usando um belo suéter de cashmere, com o cabelo castanho comprido preso em um rabo de cavalo bem-feito. — Estou quase sempre sobrecarregada, e no fim de semana passado ainda precisei organizar a festa de aniversário de cinco anos do nosso filho. Mike ficava me mandando relaxar. Ele nunca entende quando digo que estou estressada e sobrecarregada e, nossa, ele me lembra toda hora de como o bendito do meu pai era com a minha mãe.

Ela estava irritada pra valer.

— Sinto que ele não leva a sério o que eu sinto. Não sei se minhas necessidades estão sendo supridas. — O tom de voz evidenciava seu ressentimento.

Continuei perguntando:

— Ele não está suprindo suas necessidades. O que isso quer dizer?

Ela ficou em silêncio, procurando pelas palavras certas:

— Acho que quer dizer que ele não me entende. — Os olhos de Kelly se encheram de lágrimas.

— E isso faz você se sentir...?

— Como se ele não me enxergasse de verdade. Como se ele não se importasse — ela responder baixinho.

— E, se ele não se importa, isso significa que...? — insisti, gentil.

— Que... que ele não me ama. Que não sou mais tão importante para ele como era antes.

Lágrimas escorriam pelas bochechas de Kelly enquanto sua raiva se transformava em tristeza.

Por meses Kelly dizia para si mesma que Mike não a amava

mais porque parecia não se importar com o fato de ela se sentir estressada e sobrecarregada. Como ele não a consolava até que sua ansiedade passasse, ela concluiu não só que ele não se importava como também que não era capaz de suprir todas as necessidades dela. *Ele menospreza meus sentimentos; ele não se importa; ele não me entende* se tornaram encantamentos que a hipnotizavam e a faziam questionar seu casamento.

— Por que você está tão estressada, Kelly?

— Acho que é porque sempre tenho muita coisa para fazer. Sou chef particular meio período, estou treinando para correr uma maratona e coordeno os eventos da escola do meu filho em um pequeno grupo de mães. Sei que posso ser meio controladora, estou tentando melhorar nesse aspecto. De verdade. Comecei a fazer ioga e estou tentando não ficar tão preocupada o tempo todo se as coisas não estiverem correndo perfeitamente bem — disse ela, soltando um longo suspiro.

Kelly falava como muitas mães nova-iorquinas que conheci, que sempre me impressionaram: *Como conseguiam fazer tudo aquilo em um dia e ainda mantinham uma aparência impecável?*

— Nossa, você faz *muita coisa*, Kelly. Fico feliz que esteja tentando ser menos controladora. Tentar controlar tudo o tempo todo é muito exaustivo.

— É mesmo — ela respondeu parecendo se sentir derrotada.

Kelly falava por inúmeras mulheres — sobretudo mães — que sentem que precisam ser super-heroínas. Elas não só têm que fazer tudo, como precisam fazer com perfeição. Elas sentem que necessitam ser as melhores em tudo o que fazem: no cuidado com os filhos, no relacionamento, no trabalho, no cuidado com o corpo, nos hobbies; e seguem tentando equilibrar cada vez mais pratinhos de tarefas e responsabilidades. Até que, quando percebem que estão lidando com mais do que dão conta, entram em pânico e acabam se sentindo inadequadas. Elas sentem que fracassaram.

Embora não seja mãe, estou familiarizada com esse tipo de sobrecarga e já trabalhei com centenas de mulheres que a conhecem também.

— Vamos voltar ao dia do aniversário do seu filho. Você disse que estava se sentindo ainda mais estressada e menos amparada por Mike. Você falou isso para ele? Como ele reagiu?

— Nossa, eu fiquei tão irritada com ele! Acho que foi o meu tom de voz; ele com certeza percebeu que eu estava brava com ele.

— Imagino que isso tenha sido estressante para Mike — comentei gentilmente.

Ela ficou surpresa:

— Ah, eu não tinha pensado por esse lado — ela respondeu honestamente.

Continuei:

— Você acha que é possível que Mike se importe de verdade e que vocês estejam simplesmente presos em um padrão no qual os dois ficam reagindo um ao outro?

— Mike é muito tranquilo e eu tenho mania de controle.

— Certo — respondi. — Então, talvez, durante o aniversário do filho de vocês, ambos tenham se sentido influenciados pelo modo de agir um do outro. Faz sentido?

Fiquei em silêncio para observar a reação de Kelly. Era muito importante para mim que ela se sentisse ouvida, mas também era meu trabalho ver se poderia ajudá-los a salvar o casamento. Eu não tinha dúvidas de que Mike poderia ter sido mais atencioso com as necessidades de Kelly durante o aniversário do filho. Contudo, tinha quase certeza de que o marido não estava sendo desatencioso porque não amava Kelly. Pelo contrário, o que estava acontecendo era que a necessidade dela de controlar tudo — especialmente naquele dia — o afetava a ponto de ele se sentir impotente. Mike, então, se fechava como forma de se proteger do estresse de Kelly.

Kelly contava a si mesma uma história diferente: Mike não a apoiava quando ela se sentia sobrecarregada e fora de controle. Isso significava que ele não se importava com ela, com o casamento nem com o amor deles. Ela tinha caído na armadilha da crença de *se ele realmente me amasse,* _____. A mente de Kelly tinha se tornado um campo de batalha, e eu precisava ajudá-la a ver as coisas de um ponto de vista diferente para que ela pudesse ficar em paz com seu marido.

— Mike sabe que você fica preocupada e triste com a possibilidade de ele não te amar como antes? — perguntei. — Ou será que ele acha que você o considera irritante e inútil? — Pisquei para ela e sorri, na esperança de que sentisse meu apoio, apesar dos meus questionamentos.

Ela cobriu o rosto com as mãos:

— Nossa. Não sei. Pode ser que eu pegue um pouco pesado com ele. Mas às vezes fico mais estressada justamente porque ele não me ajuda quando preciso!

— Eu te entendo Kelly. De verdade. A nossa voz interior influencia bastante nos nossos relacionamentos. E, quando não questionamos essa voz dentro da nossa cabeça, ela tem o poder de destruir a relação. Você está preocupada demais com as intenções do Mike. Você presume que ele nem se importa com você, em vez de cogitar que o seu estresse pode afetá-lo. Você está tentando ler a mente dele. E, em vez de perceber o seu papel nesse padrão sobre o qual os dois precisam conversar, você fica ressentida, Kelly. Nós duas sabemos que seu ressentimento esconde muito medo e mágoa; mas apesar disso você criou tanta resistência com relação ao seu marido que agora está presa a uma narrativa na qual ele é o vilão indiferente que não te ama. Só que eu sou capaz de apostar que tem mais elementos nessa história.

A dura verdade é que a maioria dos problemas de relacionamento (inclusive o que você tem consigo mesmo) são causados por histórias e pensamentos negativos. Quando o assunto é o nosso relacionamento conosco, a principal batalha que enfrentamos é contra a nossa própria mente crítica, que tenta nos convencer de que não seríamos merecedores. Quando um casal não consegue parar de brigar, eles não estão brigando um com outro, mas sim com as histórias que criaram um do outro.

Kelly, por exemplo, não se sentia amparada por Mike, e eu não tinha dúvida de que ele poderia ter se esforçado para reconhecer que sua mulher estava sobrecarregada. Dito isso, Kelly tinha criado uma história envolvente baseada em alguns fatos mas floreada por uma mente amedrontada que lhe dizia que Mike era um marido indiferente, egoísta e distante, assim como seu pai era com sua mãe. Faltava à história de Kelly uma informação crucial: o ponto de vista de Mike.

Kelly seguiu meu conselho de ter uma conversa com Mike seguindo quatro intenções claras:

- Ouvir o lado dele da história (escuta ativa).
- Comunicar que ela temia que ele não a amasse mais (vulnerabilidade).
- Admitir que sentia muito por ter criado uma história na qual ele não era um bom marido (responsabilização).
- Comunicar que precisava se sentir mais amparada nos momentos em que estava sobrecarregada (expressar claramente suas necessidades).

O que ela descobriu nessa conversa foi esclarecedor. Kelly estava constantemente estressada (um problema do qual ela estava ciente e tentando melhorar), mas não percebia o impacto que seu estresse tinha sobre seu marido. Em vez de pedir antecipadamente por mais apoio, ela ficou presa aos seus pensamentos, e sua mente se tornou um campo de batalha de suposições sobre os sentimentos de Mike.

Ela então passou a explodir e a reclamar quando não recebia o que precisava, enquanto o marido, contaminado pela energia caótica e controladora dela, se sentia impotente e acabava se afastando.

Depois de uma única conversa bem honesta, Kelly pôde finalmente abandonar a história de que Mike não se preocupava e não reconhecia suas necessidades. Durante o tempo em que trabalhamos juntas, ela aprendeu a parar de tentar ser uma super-heroína, e, em vez disso, aprendeu a cultivar hábitos saudáveis para poder lidar com o estresse, bem como a se comunicar melhor com o marido sobre suas necessidades, em vez de ficar ressentida por ele não ser capaz de ler sua mente.

Se não disciplinarmos nossa mente, é fácil pararmos de enxergar a pessoa que amamos e passarmos a ver nela nossa mãe, nosso pai ou algum ex. Se quisermos ter relacionamentos saudáveis, nosso objetivo deve ser nos propor a questionar algumas de nossas narrativas sobre o outro e, em vez disso, usar a comunicação de maneira efetiva. Se não fizermos isso, vamos criar uma grande resistência mental e física ao nosso parceiro. Essa resistência vai gerar ressentimentos, e, quanto mais ressentidos ficamos, mais nos fechamos. Quanto mais nos fechamos, mais a conexão que temos se desfaz, e, quanto mais essa conexão se desfaz, mais fácil perdemos a paciência e culpamos o outro. É assim que as histórias negativas que um casal conta um sobre o outro saem de controle e é por isso que muitos relacionamentos terminam.

Felizmente, vencer essa batalha não é tão complicado quanto você imagina. Reconhecer que podemos estar presos aos nossos pensamentos e perdidos em uma história que é alimentada pelo medo já é um grande passo na direção certa. Quando admitimos que nossa mente nos dominou, podemos controlar o medo e permitir que uma parte melhor de nossa mente — aquela que está aberta a ver as coisas de um jeito diferente — assuma o controle. Essa é definitivamente uma maneira evoluída de se relacionar, que eu acredito que todo mundo é capaz de aprender; só que ela exige responsabilização pra valer. Precisamos nos responsabilizar pela nossa comunicação para não ficarmos ressentidos. Se nos recusarmos a fazer isso, vamos continuar brigando com nossos parceiros e terminando com eles. Ou então vamos seguir no relacionamento, sendo infelizes.

Além disso, existe a profunda tristeza que você sente quando alguém que ama o magoa. Às vezes a pessoa que você ama não é capaz de fazer por você aquilo que você precisa que ela faça, porque está presa aos próprios problemas, estresse, sentimento de impotência e tudo mais — coisas que nada têm a ver com você. Às vezes a pessoa que você ama espera algo diferente da vida em comparação a você. Quando isso acontece, muitos de nós nos martirizamos, pensando que se fôssemos mais amorosos, bonitos ou importantes a outra pessoa teria esquecido de todos os seus problemas e nos escolhido. Em vez de reconhecer que a pessoa que amamos precisava se ajudar antes de estar em uma relação, criamos para nós uma ficção: que aquela pessoa foi embora porque não éramos motivo suficiente para que ela ficasse. Essa é a mentira que destrói nossa vida.

Mude sua história, mude sua vida

Dentro das nossas mentes vive um macaco indomável e inquieto que pula de um pensamento crítico e temeroso para outro.

A "mente de macaco" é um conceito budista que descreve um estado mental de falta de controle dos pensamentos; uma inquietude. É uma forma de sofrimento. A ioga orienta a entender a mente e aprender a treinar e a domar o macaco dentro de nós para que nossa mente tenha mais clareza, foco e possa estar mais conectada ao nosso coração.

Quando ficamos presos em nossa mente de macaco, sentimos incerteza, ansiedade e — assim como Kelly — ficamos frustrados e ressentidos. Como a mente de macaco é desgovernada e caótica, pode facilmente se tornar uma força destrutiva em nossa vida, capaz de afetar gravemente nossa saúde mental, nos impedir de seguir em frente após um término e sabotar um relacionamento. Ser capaz de acalmar nossa mente é uma habilidade vital reconhecida, mas acredito que a habilidade de se relacionar mais subestimada é a capacidade de questionar nossos pensamentos para que nossa mente de macaco não controle nossos relacionamentos.

Sou uma pessoa que definitivamente precisou se esforçar para domar sua mente de macaco. Tenho uma mente hiperativa, que costuma funcionar muito bem para mim nos âmbitos criativo e profissional, mas que também pode facilmente me causar bastante sofrimento — se eu não praticar atenção plena e se não me esforçar. Pensar demais às vezes toma conta da minha vida. Costumo sentir bastante empatia e compaixão pelas pessoas que também sofrem com isso, porque entendo essa parte da mente muito bem. Passei os últimos 25 anos estudando o poder da mente, e também sei por experiência própria que é fácil ficar presa no meio de um campo de batalha no qual o macaco é o general.

É verdade que algumas pessoas têm problemas maiores por pensar demais. Mas todo mundo sabe como é ficar preso em seus próprios pensamentos. E, como diz Wayne Dyer: "Mude seus pensamentos, mude sua vida".

Eu acrescentaria a esse pensamento: mude sua história, mude sua vida.

Acredito que uma das experiências mais difíceis que podemos vivenciar ao longo da vida é passar por um término ou um divórcio. Poucas coisas na vida são capazes de nos aprisionar tanto em nossa mente quanto a dor de ter que desistir e seguir em frente quando um relacionamento chega ao fim. Nenhum rompimento é igual, mas alguns são uma catástrofe emocional que nos faz desabar e questionar nossa existência. Minha experiência, tanto profissional quanto pessoal, é a de que, quando passamos por um término muito doloroso, a história que contamos para nós mesmos sobre isso determina o modo como sobrevivemos a ele.

Todo mundo passa por diferentes estágios após uma desilusão amorosa — funciona como os estágios do luto. Começa com uma fase aguda, que pode se assemelhar à abstinência de uma droga. Você sente que perdeu a pessoa mais importante da sua vida; para alguns, é uma sensação semelhante a perder uma parte do corpo. É muito doloroso sentir como se o outro tivesse morrido *enquanto ele ainda está vivo*. Nesse estágio agudo, as pessoas enfrentam uma crise existencial por terem deixado de ser cônjuges, parceiros(as), namorados(as) de alguém. Elas agora estão solteiras.

Quando estamos em uma relação, nosso sistema nervoso está sincronizado. Estamos em sintonia. Um término causa uma ruptura na rotina ou na organização natural de nossa vida; no fluxo de nossos dias; nos nossos hábitos diários; na nossa vida social. É um choque tão grande no nosso sistema nervoso que a fase aguda é marcada pelo abatimento. Esse estágio é caracterizado por uma enorme ansiedade, falta de apetite, insônia e pela sensação de estar emocionalmente fora de controle.

Entramos em modo de sobrevivência, porque, quando perdemos um amor, nos sentimos à beira da morte.

Acho que todo mundo sabe como nossa mente fica confusa quando passamos por um rompimento. Questionamos tudo. Se acreditarmos em Deus, questionamos sua existência. Questionamos nossa capacidade de sobreviver. Revivemos certas conversas mentalmente e repetidas vezes. Sentimos que perdemos o controle sobre nossos pensamentos, que se tornam obsessivos. Questionamos nossas decisões, nosso comportamento e nosso valor.

Em um momento estamos sofrendo pelo nosso ex e sentindo que nos falta um pedaço, e no momento seguinte nós o odiamos. Quando passamos por um término, sentimos que perdemos a cabeça. É quase como se estivéssemos possuídos.

Sentir-se escravo dos próprios pensamentos e emoções é uma forma de sofrimento. É esse o poder da desilusão amorosa.

Embora o tempo de cada um seja diferente e tudo dependa do tipo de relacionamento, de como as coisas terminaram e da rede de apoio da pessoa, geralmente depois de seis meses ela começa a se sentir um pouco melhor. Depois de um ano, provavelmente voltará a se reconhecer.

No entanto, algumas pessoas ficam tão presas contando a história de sua dor que têm dificuldade para seguir em frente. Foi assim com Sarah.

Quando conheci Sarah, fazia seis meses que seu namorado tinha terminado a relação, após uma viagem dela com as amigas. Os dois haviam ficado juntos por três anos. Ela tinha 37 anos, era inteligente, intuitiva, uma pessoa emotiva que sentia tudo em profundidade. Ela era uma pessoa empática sensível, acreditava no poder da manifestação e adorava ler os livros do Eckhart Tolle, mundialmente conhecido como o autor de *O poder do agora*.

Mas ela também estava estagnada.

Durante nossa primeira sessão, Sarah me contou a história do rompimento.

— Sinto como se tivesse perdido meu melhor amigo. Éramos tão próximos. Não sei como chegamos a esse ponto.

— O que houve? Na sua opinião, por que vocês terminaram?

— No último ano, não estávamos nos dando tão bem. Nossas discussões ficavam sérias rapidamente. Eu sempre tenho medo de ser abandonada por causa do meu pai, que não estava presente quando eu era criança. Por isso, sempre que brigávamos, eu ficava muito, muito ansiosa, e depois ficava meio carente. Eu fazia terapia. Ele fazia terapia. Fizemos terapia juntos e ajudou um pouco, mas não conseguíamos nos entender.

— Por que vocês brigavam?

— Quando nos conhecemos eu tinha 35 anos e ele 37. Eu

não tinha certeza se queria ter filhos, e ele também não. Então, deixamos esse assunto de lado. Mas, depois de dois anos de relacionamento, eu estava com 37 anos e comecei a pensar *Uau, talvez eu queira ter filhos*. E quando falei isso para ele a resposta foi: "Acho que não quero". E o clima começou a ficar estranho entre nós. Passamos a discutir por causa disso. Ele dizia que me *amava*, mas não queria ter uma *família* comigo; mas se ele me amava, não deveria querer formar uma família comigo?

Sarah estava tentando conter as lágrimas enquanto se apressava para dizer tudo o que queria. Pedi que ela colocasse uma das mãos sobre o coração e respirasse fundo algumas vezes focando a expiração, para que ela pudesse se conectar mais com o próprio corpo.

— Isso é muito difícil — eu disse a ela. — Quando uma pessoa quer ter filhos e a outra não, a situação fica séria.

Ela concordou:

— É mesmo. Eu até tentei me convencer de que não queria ter um bebê.

— Como você lidou com essa situação? Presumo que foi isso que levou ao término? — perguntei.

— Foi um ano de idas e vindas. Fiquei muito ressentida com ele por não querer ter um bebê comigo. Acho que em alguns momentos ele se irritava comigo por tentar fazê-lo mudar de ideia. Começamos a ficar agressivos um com o outro; então, pensei que seria uma boa ideia dar um tempo e fazer uma viagem com minhas amigas. Ele estava trabalhando muito, e eu viajei em um feriado prolongado com elas. Quando voltei, ele disse: "Acabou".

— Assim desse jeito? Você chegou em casa, ele virou e disse "Acabou"? Vocês não conversaram?

— Sim. Ele basicamente disse "Acabou", e eu perguntei "Como assim?". Nós sentamos e conversamos. Ele disse que não queria me impedir de ter uma família; que se sentia muito pressionado e que tinha sido muito claro quando disse que não queria ter filhos; que por enquanto não iria mudar de ideia e que não queria me impedir de ter o que eu desejava. E eu respondi que queria ficar com ele *e* ter uma família.

Enquanto ela me contava sua história, fiquei bastante abalada. Meu ex-marido queria muito ter um filho, e eu também; mas, depois de passar por um aborto espontâneo bem difícil, comecei a questionar se isso seria uma possibilidade para nós. Ter ou não filhos se tornou o principal assunto do nosso relacionamento, e acabou nos separando. Para mim é muito claro que é crucial estar de acordo sobre querer ou não ter filhos para poder fazer uma relação dar certo; sei também que é doloroso não chegar a um acordo a respeito disso e, consequentemente, precisar pôr um ponto final na união. Senti uma enorme compaixão por ela ter vivido essa experiência.

— Foi tão injusto — Sarah disse — o jeito como ele terminou comigo. A sensação era de que ele tinha me traído. Como alguém pode fazer isso com quem ama?

Quando ouvi a palavra "traída", isso acendeu um sinal de alerta. Pensei que talvez o que a mantinha estagnada, incapaz de seguir em frente oitos meses depois, era o fato de ela acreditar ter sido traída.

Um momento decisivo na recuperação do meu rompimento foi quando percebi que o que estava me impedindo de realmente seguir em frente tinha muito pouco a ver com meu ex-marido.

Pelo contrário, era a crença de que eu não merecia ser amada; que não significava nada para ele, principalmente pela maneira como ele decidiu terminar comigo: por meio de uma mensagem de texto, dizendo que não voltaria para casa, seguida de um telefonema — tudo isso enquanto minha mãe estava morrendo de câncer no pulmão.

É isso que frequentemente observo nas pessoas que estão presas a um estágio de luto intenso, mesmo depois de muito tempo e de já terem processado muita coisa. Em algum momento, a questão deixa de ser o outro. A questão é a história que nos contamos e que coloca em xeque nossa importância e nosso valor. O luto por um relacionamento é substituído pela crença de que somos inadequados; uma crença que torna extremamente difícil seguir em frente.

Mas eis a verdade: podemos amar um ao outro e ser importante um para o outro e ainda assim magoar um ao outro.

Os rompimentos são difíceis para todo mundo, porque as relações raramente terminam por falta de amor. Elas geralmente acabam por causa de diferenças irreconciliáveis.

Eu queria ajudar Sarah a mudar a narrativa de traição que ela contava para si mesma. Então, perguntei:

— Vocês eram felizes. Pelo que você contou, parece que estavam brigando muito porque você queria ter filhos e ele não. Isso é muito estressante. Às vezes, quando estamos de luto pelo fim de um relacionamento, temos uma espécie de amnésia e esquecemos o quanto estávamos estressados e infelizes no período que antecedeu o término.

Ela ficou em silêncio, refletindo. Então, soltou um suspiro profundo, dizendo:

— O ano passado foi muito difícil. Nós não estávamos nos entendendo.

— Sarah, eu sei como é dividir a cama toda noite com um parceiro quando não estamos nos entendendo. Também sei como é ter que encarar a dura realidade de que os dois querem coisas muito diferentes e que talvez não exista uma solução possível. Posso imaginar o quanto você estava infeliz.

Os olhos de Sarah se encheram de lágrimas. E continuei:

— Vocês dois estavam diante de uma montanha que parecia impossível de ser escalada. É uma montanha muito comum, que vários casais precisam encarar e decidir se vão tentar subir juntos. Não tem problema vocês não terem encontrado um jeito de subir a montanha juntos. Faz parte da vida. Quando ouço sua história, tenho a impressão de que vocês fizeram mesmo tudo que podiam *porque* havia muito amor entre vocês. O meu palpite é que a decisão dele de terminar foi muito difícil de ser tomada, e que ele só fez isso para colocar um ponto-final no sofrimento que os dois estavam vivenciando.

À medida que continuei trabalhando com Sarah, meu objetivo foi ajudá-la a seguir em frente, e o único jeito de ela fazer isso era enxergando o término por outro ponto de vista, para que finalmente pudesse ter a liberdade de focar em si mesma.

Quando um relacionamento não está dando certo, e duas pessoas estão tentando navegar em meio a diferenças irreconciliáveis, o impacto na saúde mental e na energia é enorme. Uma das lições mais difíceis que precisamos aprender é aceitar quando a participação de alguém em nossa história chega ao fim. É muito difícil deixar de lado alguém que você ama, mesmo quando o motivo para terminar e seguir em frente está muito claro e é válido.

O que impedia Sarah de seguir em frente era o fato de ela não enxergar as coisas com clareza. Ela estava presa a um único detalhe da história: *Como ele pôde terminar comigo daquele jeito?*

Meu trabalho era entender muito bem o relacionamento dos dois e lembrá-la de que eles tinham passado um ano terminando.

— Se ele não tivesse terminado — perguntei a ela —, você ainda estaria com ele?

— Provavelmente, porque sou sempre a pessoa que fica. Tenho a tendência de continuar em relacionamentos mesmo depois que eles chegam ao fim. É difícil abrir mão.

— Bem-vinda ao clube — respondi, com uma piscadela, e ela riu. — Mas, Sarah, se você tivesse ficado, teria quarenta anos e ainda nenhum filho.

— A questão é que eu continuo sem um filho! E solteira!

— Mas pelo menos agora existe alguma possibilidade de você ainda ter um filho. Talvez, vamos apenas supor, ele realmente tenha feito um favor a você — eu disse gentilmente. — Eu gostaria que ele tivesse tido mais tato; que você não tivesse voltado de férias e recebido essa notícia. E, se ele estivesse aqui, eu diria a ele que não deveria ter feito isso. Mas e se ele tiver achado que deixar você ir embora não só era a única opção mas também a coisa certa a fazer? Para que ele não te impedisse que ter o que realmente queria?

— Sim — Sarah admitiu —, ele me falou uma coisa parecida.

— Isso não torna as coisas menos tristes, Sarah. Um rompimento é sempre difícil e melancólico para todo mundo. Mas a verdade é que ele não terminou simplesmente porque não se importa com você. Acho que ele fez o que os dois, no fundo do coração, sabiam que era o certo a fazer. Geralmente não existe um jeito "certo" de terminar com alguém, especialmente depois de passar um ano discutindo.

Quando Sarah me procurou, estava em transe, hipnotizada pela história na qual sua mente tinha se concentrado: seu namorado a havia traído e não a amava. Eu a ajudei a acordar para a verdade do que tinha acontecido entre os dois, para que ela pudesse perceber que o destino dela não estava atrelado à pessoa que a tinha deixado. E prometi que com o tempo ela iria entender por quê.

Hoje, aos 42 anos, Sarah está casada e acabou de ter um bebê.

• • • • • • • • • • • • • • • • • •

PRATICANDO ESSA VERDADE

Para ter relacionamentos mais saudáveis, você precisa se comprometer a praticar não ficar preso em seus pensamentos.

Veja a seguir etapas específicas que você pode estabelecer para reformular seu raciocínio quando for pego em uma tempestade de pensamentos negativos sobre seu parceiro, um pretendente ou sobre si mesmo, para que possa sair da sua mente com mais frequência.

1. Conscientizar-se: pratique prestar atenção aos momentos em que fica ruminando, se preocupando em excesso ou dizendo coisas negativas sobre seu parceiro. Você pode dizer assim: *Estou pensando demais. Estou preso em uma história e talvez precise dar um tempo.* Aprendemos a fazer esse tipo de testemunho praticando prestar atenção. Quando estamos pensando demais, provavelmente existem sintomas físicos bem específicos aos quais podemos ficar atentos: maxilar, pescoço e ombros tensos, respiração ofegante e expressão facial dura, sobretudo na região dos olhos e entre as sobrancelhas. Identificar esses sintomas físicos pode nos ajudar a nos tornarmos conscientes. Essa conscientização implica nos treinar para que possamos ter mais facilidade de reconhecer quando estamos ruminando em função do estresse. Reconhecer quando estamos presos em nossos pensamentos pode nos ajudar a não sermos seduzidos por uma história negativa com potencial para sabotar nossa felicidade.

2. Pausar: você precisa interromper a história. É nesse momento que você para, inspira fundo e expira devagar. Quando estamos presos em uma história, é grande a nossa tensão física e mental. Pausar nada mais é do que tirar um momento para respirar e liberar um pouco dessa tensão. Usamos a respiração para diminuir a velocidade dos nossos pensamentos, pois quando estamos presos em uma história nossa tendência é pensar muito rápido. Nossos pensamentos tendem a ser circulares. E o que mais queremos é desacelerá-los.

3. Ligar para alguém em quem confie: pode ser um amigo próximo, uma pessoa da família ou um terapeuta. Você precisa ligar para essa pessoa e dizer: "A história que estou contando para mim é _____". Você não está procurando alguém para desabafar, você quer alguém que possa ser a voz da razão e ajudá-lo a perceber se a sua mente é um campo de batalha naquele momento. Quando isso acontece, perdemos a razão, e precisamos de alguém que não esteja dentro de nossa cabeça para nos trazer de volta à realidade e dizer: "Talvez você esteja exagerando". Essa pessoa pode nos oferecer outra perspectiva. Às vezes falar com quem confiamos é uma maneira de não ficarmos presos em nossos pensamentos.

4. Exercitar-se e movimentar-se: esse é um meio profundo de não ficarmos presos em nossos pensamentos. Exercitar-se ajuda muito contra a ruminação. Uma longa caminhada pode ser bastante útil também. Consulte o capítulo sobre a Verdade 1 e veja mais dicas sobre como se movimentar.

5. Focar e questionar: quando estamos estressados com nosso relacionamento — seja ele recente ou de anos —, é fácil ficarmos presos em nossos pensamentos, nervosos, irritáveis e com medo. Ignoramos a sabedoria do nosso coração, nossa intuição e nosso pensamento racional. Quando isso acontece, sem querer nos tornamos individualistas, egoístas e egocêntricos. Ao invés de nos preocuparmos igualmente com as necessidades do *nosso parceiro*, ou com as necessidades da relação, ficamos obcecados com *nossas* necessidades, questionando se elas estão sendo supridas pelo outro. Em vez de valorizarmos tudo que nosso parceiro tem a oferecer a nós e ao mundo, focamos seus defeitos e tudo o que há de errado nele. Em vez de darmos uma chance a um novo encontro amoroso, ficamos hipervigilantes em busca de sinais de alerta. Você pode fazer a si mesmo uma série de perguntas quando se flagrar no meio desse campo de batalha: *Em que estou focando? Isso pode significar outras coisas? Será que estou pensando com clareza neste momento? Será que existem mais elementos nessa história? Será que estou de mau humor ou estressado, e não estou pensando com clareza?* São perguntas poderosas.

6. Conectar-se com a inteligência do seu coração e com sua intuição: conectar-se com seu coração significa enxergar a pessoa que você ama como ela é, em vez de considerá-la um monstro. Também significa conectar-se com seu corpo quando estiver namorando: Você se sente bem quando está com essa pessoa? Será que pode estar estressado por causa de questões antigas do passado? Quais sensações agradáveis seu corpo está experimentando agora?

Se estiver namorando

Quando namoramos, podemos entrar em uma espiral de pensamentos infinitos e sentimentos de inadequação. Quantas vezes você teve um encontro e achou que tinha corrido tudo bem, para mais tarde dissecar a conversa e concluir que você não passou uma impressão descolada, inteligente ou interessante? Quantas vezes passou um filme inteiro pela sua cabeça sobre o que alguém está fazendo, pensando e sentindo quando visualiza sua mensagem mas não responde?

Você precisa se desconectar da sua cabeça e se conectar com seu corpo. Pergunte-se: *Como me sinto quando estou com essa pessoa? Será que gosto dessa pessoa de verdade ou estou obcecado por fazê-la gostar de mim?*

Ferramentas para quando você não consegue parar de pensar nas mesmas coisas

Escreva: recomendo fazer isso assim que você acordar, para colocar todos os pensamentos no papel. O objetivo não é escrever sentenças coerentes e corretas gramaticalmente ou ortograficamente. Você não vai reler; serve apenas para aliviar a mente.

Converse com alguém em quem confie: conversar (e não desabafar) com alguém, como um *coach*, um terapeuta ou um mentor, pode ajudá-lo a ter perspectiva.

Generosidade: quando ficamos presos em nossa mente, um dos meios mais rápidos de nos libertarmos, além dos exercícios, é ajudar o próximo. Quer seja fazendo trabalho voluntário ou auxiliando alguém que está com um grande problema, ajudar é uma ótima maneira de parar de pensar demais.

Estresse pessoal

Na minha opinião, não falamos o suficiente sobre o impacto do estresse nos relacionamentos.

O estresse é um estado emocional e psicológico no qual nos sentimos inseguros e fora de controle. Quando estamos estressados, nos sentimos incapazes de cumprir as demandas diárias de nossa vida, e muitas pessoas acabam perdendo a motivação para contribuir com o parceiro ou com o relacionamento.

O estresse faz parte da vida. Haverá momentos nos quais vamos precisar enfrentar desafios extremamente difíceis, e é normal passarmos por períodos de estresse prolongado durante essas ocasiões. Todos nós temos traumas. Todos nos sentimos pressionados.

Não só vivemos em uma época estressante como estamos tentando dar conta das demandas de sermos bem-sucedidos no trabalho, na educação dos filhos, nos relacionamentos amorosos, entre outros. Entretanto, precisamos ter consciência de como o nosso estresse impacta nossos vínculos amorosos. Você costuma descontar tudo em seu parceiro? Torna-se controlador? Deixa de estar presente? Perde o interesse sexual? Explode? Tem tendência a se isolar? Fica carente? Para de se divertir?

Quando estamos estressados, não enxergamos com clareza. Não podemos confiar na maneira como nos vemos ou como vemos a vida ou as circunstâncias. Nossa tendência é ficarmos ainda mais presos em nossos pensamentos nesse estado, imaginar os piores cenários e nos fecharmos para o lado bom das coisas. E, infelizmente, as pessoas tendem a pensar que quando sua vida for menos estressante sua relação vai melhorar. Isso não é verdade. A verdade é que a sua relação vai melhorar quando elas mudarem o jeito como reagem ao estresse.

Para se soltar e diminuir o estresse, recomendo:

Meditar diariamente.

A Ioga Nidra ajuda bastante a reduzir o estresse. Trata-se de uma prática de relaxamento profundo, guiada por um professor, durante a qual ficamos deitados em uma posição confortável. É um tipo de meditação no qual liberamos lenta e progressivamente a tensão do corpo, para que possamos atingir um estado de relaxamento profundo. Existem vídeos curtos disponíveis gratuitamente no YouTube.

Movimentar-se diariamente, mesmo que seja apenas fazendo uma longa caminhada.

Eliminar alguns itens de sua lista de tarefas.

Períodos de tempo livre ao longo do dia (para andar ou sentar no sofá e ficar em silêncio sem mexer no celular).

Criatividade (pintar, desenhar, cantar ou qualquer outro hobby que te traga bem-estar é uma ótima forma de reduzir o estresse).

Passar um tempo com um bichinho de estimação.

Passar um tempo com um bom amigo e corregular seu sistema nervoso.

Ser generoso.

Muitos problemas de relacionamento são causados pelas ficções que as pessoas criam na mente sobre seus parceiros. Associe isso à falta de comunicação e o que temos é a receita perfeita para o caos em uma relação. Não conversamos o suficiente sobre o fato de que nossos pensamentos desempenham um papel determinante na saúde de um relacionamento. A história que contamos em nossa mente tem o poder de destruir completamente uma união — ou transformá-la.

VERDADE 3

Desejo não é a mesma coisa que amor

Você conhece alguém e sente imediatamente um pico de energia; uma faísca de eletricidade, como se seu corpo estivesse se acendendo por dentro. Vocês começam a namorar e o tempo que passam juntos é intenso. Vocês têm conversas longas e profundas sobre o sentido da vida e compartilham detalhes íntimos de seu passado. A conexão física é pura eletricidade. Pela primeira vez no que parece ser muito tempo, você se sente visto, desejado e relaxado na companhia de uma pessoa. *Finalmente,* você pensa, *encontrei "a pessoa certa".*

Porém, à medida que as semanas passam, você começa a notar que não estão passando mais tanto tempo juntos como no começo. Você se sente tão *bem* quando está com essa pessoa, mas quando estão separados você fica inquieto, inseguro e anseia por sentir aquela conexão mais uma vez. O outro não envia mais mensagens como fazia no início. Em vez de saber exatamente quando vão se encontrar, como era no começo, agora isso não só é incerto como também é algo decidido de última hora. E, quando vocês de fato se encontram, há alguma coisa estranha. Quando você tenta falar que não está sentindo mais tanta conexão com essa pessoa, ela parece se irritar e não demonstra interesse em conversar sobre isso. Algo mudou. Aquela pessoa incrível não parece mais tão apaixonada por você, que, por sua vez, não sabe como interpretar tudo isso. A verdade é que você está magoado. Mesmo que vocês só estejam saindo há cerca de um mês, sua conexão com essa pessoa parecia ser mais forte do que qualquer outra que você já teve, a ponto de você vislumbrar um futuro juntos. Você ama essa pessoa. Será?

A verdade é que algumas pessoas estão prontas para ter uma conexão, mas não um relacionamento.

A conexão é subestimada

Aos 49 anos, Danielle era uma empresária bem-sucedida. Comandava duas instituições de caridade, tinha uma filha adolescente e estava divorciada havia seis anos. Era inteligente, autoconsciente, bonita, gentil e engraçada. Desde o divórcio, ela tinha tido um relacionamento emocionalmente desgastante por dois anos, com uma pessoa que frequentemente se afastava e tinha dificuldade de suprir as necessidades dela. Quando me procurou, ela estava pronta para recomeçar e se apaixonar de novo.

Danielle é alguém que no universo dos *coaches* chamamos de "treinável", no sentido de que ela estava pronta para ouvir verdades e seguir minhas instruções.

Quando conheceu Justin, um homem divorciado gentil e bem-sucedido, em um aplicativo de namoro, a conexão foi imediata. Após duas ótimas semanas se vendo regularmente, Danielle estava radiante e já tinha começado a imaginar seu futuro com Justin. Ela não via a hora de os dois viajarem juntos e conhecerem os filhos e amigos próximos um do outro.

— Nós nos divertimos tanto juntos, Jillian. Fico superconfortável perto dele, e não me sinto conectada a alguém assim há *muito* tempo. Eu *realmente* gosto dele — confessou.

Eu queria muito ficar feliz por Danielle. Mas por que não conseguia? Porque precisava ter certeza de que Justin sentia o mesmo antes de poder comemorar com ela. Costumo ser bastante protetora com meus clientes, e meu trabalho com aqueles que estão solteiros é ajudá-los a tomar decisões melhores quando entram em uma relação. Com base na experiência anterior de Danielle — um relacionamento de dois anos com alguém incapaz de suprir as necessidades dela —, eu precisava ser cética. Sabia que precisava mantê-la com os pés no chão.

Além disso, ela disse uma coisa que para mim foi um grande sinal de alerta.

— A única questão, porém, é que ele não me procura mais como antes e ultimamente está tão ocupado que é muito difícil tentar fazer planos com ele. Estávamos indo superbem no início, mas agora parece que ele parou de se esforçar. Eu não entendo.

— Você disse que queria se encontrar com ele? Você pode falar que gostaria de passar mais tempo com ele, Danielle.

A verdade é que Danielle tinha tentado fazer mais planos com ele, que sempre concordava para, em seguida, reclamar que estava ocupado, além de sempre remarcar os encontros.

Danielle, no geral, era uma pessoa independente e confiante. Mas, romanticamente, costumava renunciar às suas necessidades. Com Justin, ela estava determinada a continuar o relacionamento para ver se as coisas mudariam.

Eu logo questionei o comportamento de Justin na minha cabeça. Ocupado demais para vê-la? Remarcando encontros?

Se o gênio da lâmpada me concedesse um desejo, eu gostaria de ter uma varinha mágica para poder usá-la imediatamente e fazer as pessoas enxergarem seu valor e não ficarem esperando que alguém, que é praticamente um estranho, enxergue esse valor também. Justin, qualquer que fosse o motivo, não estava se esforçando mais para conhecer Danielle. Era uma pena que a intuição aguçada dela para os negócios não pudesse ser aplicada a sua vida amorosa. Danielle era uma mulher incrível, e eu estava disposta a fazer o possível para ajudá-la a reconhecer seu poder ao invés de renunciar a ele.

— O que exatamente você está esperando que mude? Os

compromissos dele ou... *ele*? — fui direto ao ponto. — Eu sei que você gosta dele e que a conexão entre vocês parece ser forte, mas neste momento ele não está agindo como alguém que quer que essa conexão evolua e se transforme em um *relacionamento*. Considerando que você realmente quer uma relação, acho que seria bom conversarem sobre isso. Divida suas impressões com Justin, diga como se sente e o que quer. Você não tem nada a perder, e só tem a ganhar.

Danielle concordou e seguiu meu conselho. Ela descobriu que seu maior medo era verdade. Ele não estava pronto para nada além de um romance casual porque ainda estava se recuperando do divórcio. Danielle só o conhecia havia seis semanas, mas ficou arrasada. Ela estava intoxicada pela química que eles tiveram no início e não queria encarar a dura realidade de que ele não era quem ela tinha idealizado. Ele não estava pronto para um relacionamento, ainda que ela tivesse tentado se convencer de que ele estava. Aconselhei Danielle a não manter o relacionamento casual, pois sabia que ela queria e precisava de muito mais. Eu disse a ela que isso só a deixaria mais confusa, além de causar mais sofrimento.

— Eu sei... mas... — ela hesitou.

Cobri meu rosto com as mãos. Estava tão perto de ajudá-la a tomar a decisão certa e agora sentia isso escapar por entre meus dedos. Foi então que me lembrei de um sábio conselho que me foi dado por meu mentor: "Jillian, só porque alguém não está mudando rápido, não significa que não está mudando. Às vezes a pessoa precisa aprender do jeito difícil até finalmente chegar ao próprio limite".

Relaxei e pedi:

— Danielle, você me faria um favor? Fique bem confortável, feche os olhos e inspire fundo, depois expire devagar. — Eu a vi fazendo isso mesmo on-line. — Agora, imagine que você está namorando outra pessoa, e não tem dúvidas de como esse homem se sente sobre você. Você não precisa se perguntar quando ele vai ligar de novo, porque sabe que ele vai ligar. Você não hesita em ligar para ele porque sabe que ele vai atender ou ligar de volta assim que puder, porque ele está interessado em se conectar com você. Não há confusão nem mal-entendidos, e a relação tem um ritmo bom e tranquilo. Como seria isso?

— Incrível.

— Ótimo. Você *pode* ter isso. Mas não com o Justin. E eu garanto a você que ele não é o último homem na face da Terra.

A química é o que nos faz sentir vivos

A intensidade emocional do desejo pode ser muito parecida com a do amor, mas não é. É a fascinação por um sonho. É uma maneira de escapar do medo que temos de ficar sozinhos para sempre.

É química.

Sentir-se desejado é muito bom, mas ser desejado não é a mesma coisa que ser valorizado. E, para muitas pessoas, quanto maior o desejo, menor é o raciocínio lógico. Quando a química é tão forte que faz você perder a cabeça e jogar pela janela seus padrões e limites, você abre caminho para uma enxurrada de necessidades não supridas, inseguranças e autonegligência. Não conheço muitas pessoas que, pelo menos uma vez, não tenham perdido completamente a cabeça por alguém que mal conheciam ou que era completamente errado para elas. Quando digo perder a cabeça, estou falando de fazer do outro o centro do nosso universo, planejar nosso futuro com ele (mesmo que apenas dentro da nossa cabeça) e talvez aceitar migalhas, inconsistências e até mesmo abusos. É possível também que, por causa da intensidade da atração que sentimos por alguém, tentemos forçar o que deveria ser um breve romance a se tornar uma parceria, apenas para ver tudo ruir e se esvair.

Mas *por que* fazemos isso? Por que é tão fácil sermos dominados pela química?

É simples. A química é o que nos faz sentir vivos.

Quando não conseguimos parar de nos perguntar obsessivamente se o outro vai ligar ou mandar mensagem, aquilo pelo que ansiamos não é de verdade o outro, mas sim um sentimento. É se sentir completamente vivo e livre da monotonia entediante de nossa vida e da completa solidão que acompanha estar solteiro por mais tempo do que gostaríamos.

Somos condicionados por filmes e pela literatura a acreditar que amor é a mesma coisa que desejo; que, se não perdermos a cabeça, se não ficarmos estressados, ansiosos e maníacos por alguém, não estaremos apaixonados. Somos treinados para acreditar que, se não sentirmos que a vida não faz sentido sem aquela pessoa, então não deve ser amor. Sofremos uma lavagem cerebral para poder associar a montanha-russa que é um relacionamento conturbado a amar alguém. Mas a verdade é que quando nos sentimos sem chão, ansiosos e completamente perdidos e preocupados — mesmo que esses sentimentos não estejam interferindo completamente em nossa vida —, o que estamos sentindo é desejo, não amor. É claro que a química é importante. Eu não me envolveria romanticamente com alguém por quem não me sentisse atraída, e com certeza não espero que você o faça também. Porém, em uma relação amorosa, precisamos manter a conexão ao longo de meses e anos lidando com as vicissitudes da vida a dois. Desejar é fácil: as substâncias químicas naturais do nosso corpo, como os feromônios, a ocitocina, a dopamina e a serotonina, fazem grande parte desse trabalho por nós.

Por que nos sentimos atraídos por algumas pessoas e não por outras?

É a pergunta de um milhão de dólares.

Nos sentimos atraídos por pessoas que têm características físicas que julgamos atraentes e não nos interessamos por aquelas com características físicas que não consideramos atraentes. Você já se sentiu atraído fisicamente por alguém que não tivesse o que você considera ser uma beleza clássica? Já se sentiu atraído pela energia ou pela mente de uma pessoa a ponto de se sentir sexualmente atraído por ela?

Em muitos aspectos a química é um grande mistério. Algumas teorias sugerem que os feromônios — substâncias químicas semelhantes aos hormônios que são secretadas geralmente através da pele — seriam os responsáveis pela atração física. Faz sentido, porque é impossível se sentir atraído por alguém de cujo cheiro não gostamos, e quando amamos o cheiro de uma pessoa definitivamente nos sentimos atraídos por ela.

De acordo com teorias da psicologia, nos sentimos fisicamente atraídos por pessoas que nosso subconsciente reconhece como sendo familiares.

O termo "subconsciente" foi cunhado em 1889 pelo psicólogo Pierre Janet, cuja hipótese era que, por trás do pensamento crítico de nossa mente consciente e alerta, existe uma forte consciência que é a fonte das nossas memórias de experiências passadas. Sigmund Freud posteriormente argumentou que o subconsciente é a causa do comportamento humano e que, enquanto estamos cientes do que acontece na nossa mente consciente, não estamos de fato conscientes do que acontece em nosso subconsciente. Estudar e compreender o subconsciente está no cerne da psicologia humana.

Há um ditado antigo no universo da psicoterapia, segundo o qual "nos casamos com nosso pai ou mãe". Isso pode ser problemático se você cresceu em um lar disfuncional e se sente atraído por alguém que faz você se lembrar da pessoa com quem lidava com maior dificuldade. Essa teoria também sugere que nosso subconsciente escolhe a pessoa que nos lembra esse pai ou mãe em uma tentativa de recriar dinâmicas dolorosas da infância para que possamos, idealmente, nos curar de nossos traumas. Em outras palavras, viver uma dinâmica semelhante na fase adulta nos daria a oportunidade de reescrever nossa história.

Tive uma relação bem difícil com meu pai, e meu ex-marido tinha uma personalidade completamente diferente; meu ex também não se parecia em nada com meu pai, fisicamente falando. Mas ele sofria de um distúrbio de humor, e meu pai era bipolar. Meu ex-marido se fechava quando estava chateado, e eu ficava pisando em ovos perto dele. Meu pai era mestre em se fechar, e eu sempre pisei em ovos perto dele. Será coincidência? Não, com certeza não. Mas também tive relacionamentos duradouros que não se assemelharam em nada com minha infância. Tive um relacionamento de seis anos no início da vida adulta durante o qual nunca precisei pisar em ovos. Eu me sentia amada, amparada e segura.

Por que será que alguns de nossos relacionamentos reproduzem nossos traumas da infância e outros não? Por que será que temos química com alguém que subconscientemente nos faz lembrar de nossos pais para em seguida ter química com alguém completamente diferente? Quem conseguir desvendar essa questão de maneira concreta provavelmente ganhará o Prêmio Nobel. O que eu posso dizer é que, quando nos baseamos apenas na química, estamos nos baseando no desejo. São inúmeras as razões pelas quais temos dificuldade para diferenciar desejo de amor e por que romantizamos tanto o desejo. Grande parte desse quebra-cabeça é composto por narrativas culturais que contamos a nós mesmos sobre como o amor e os relacionamentos devem ser — sobretudo as narrativas sobre a "pessoa certa".

"A pessoa certa"

Quando não paramos de pensar naquela pessoa que não conhecemos de verdade, não estamos ansiando por ela e sim pela *ideia* que temos dela; um ideal profundamente condicionado pela noção de "pessoa certa" que projetamos nela.

É um anseio não necessariamente pela pessoa, mas pelas emoções positivas e maximizadas, como satisfação, alegria e felicidade.

A verdade é que "a pessoa certa" não é uma pessoa, e sim uma metáfora da esperança, da mudança e da novidade.

Sofremos demais quando nos sentimos desconectados e sozinhos.

Quando nos sentimos conectados, o que realmente estamos vivenciando é uma sensação de completude com algo ou alguém. A desconexão nos faz sentir fragmentados, enquanto a conexão nos faz sentir completos. O inconsciente de todo mundo procura por essa completude, seja passando tempo na natureza, construindo uma comunidade, sendo generoso, ouvindo nossa música favorita, movimentando nosso corpo, viajando ou vivendo uma aventura, nos conectando com Deus ou com o universo.

Sentir-se "unido" a algo, seja a uma força superior, à natureza, a um bichinho de estimação ou a outra pessoa, é sentir a forma de amor mais profunda possível. Pense nas vezes em que se sentiu completamente vivo, presente e satisfeito com a vida, livre do estresse e dos infinitos "e se". Talvez tenha sido quando você estava em um local, cercado por pessoas que estavam, ao mesmo tempo, ouvindo e sendo tocadas pela sua música favorita. Talvez tenha sido durante o sexo com alguém que você ama. Talvez tenha sido naquela vez que você fez uma escalada, quando finalmente se sentou para descansar e olhou ao redor, para a vista maravilhosa diante de você, e percebeu que seus problemas eram insignificantes. Talvez tenha sido durante uma ótima tarde com um amigo querido.

Sentir-se unido é sentir-se completo.

"A pessoa certa" nos relacionamentos amorosos representa o amor puro e a completude que buscamos.

A narrativa cultural nos diz que em algum lugar existe uma alma gêmea que vai completar nossa vida. Minha interpretação é a de que "a pessoa certa" é aquela a quem nos sentimos unidos, e quando nos apaixonamos sentimos essa conexão com maior intensidade. É por isso que é tão viciante, embora a história que nos contam sobre "a pessoa certa" seja insuficiente.

O mito da "pessoa certa"

Ninguém existe para nos completar.

A ideia de que "a pessoa certa" é alguém que nunca vai nos decepcionar, que vai nos amar apesar de tudo e que sempre nos fará gozar, está profundamente enraizada em nossa psique e é extremamente prejudicial aos nossos relacionamentos amorosos, porque cria expectativas erradas.

Esse mito nos convenceu de que, quando nos sentimos loucamente atraídos por alguém que mal conhecemos, provavelmente encontramos "a pessoa certa".

Esse mito também nos hipnotizou, nos levando a acreditar que existe uma *única* pessoa capaz de colar todos os pedaços do nosso ser fragmentado e de preencher todos as lacunas do nosso vazio emocional.

A verdade é que aquele sentimento incrível de completude e vivacidade é um estado emocional criado dentro de nós. Aquele amor puro, profundo, satisfatório que sentimos quando nos apaixonamos é simplesmente um lembrete do amor e da alegria que somos capazes de sentir. Ele revela o amor e a paixão que já existem dentro de nós, e que estavam só esperando para serem reconhecidos e despertados, com ou sem a presença de um parceiro amoroso.

A verdade é que não existe uma pessoa certa *única*. Existiu "aquela pessoa certa" que era perfeita para você aos 17 anos, "a pessoa certa" que entrou em sua vida aos 25 anos e terminou ensinando a você uma grande lição. Existiu "a pessoa certa" com quem você acabou se casando e de quem depois se divorciou.

Eu estava completamente convencida de que meu ex-marido era "a pessoa certa". Nunca me esquecerei da nossa primeira conversa, em pé no corredor, com as roupas encharcadas de suor, segurando nosso tapete de ioga depois de uma aula. Houve uma faísca instantânea entre nós, provocada pela nossa conversa rápida e eletrizante. A espirituosidade e as conversas são minhas linguagens do amor, e aquele cara mandou muito bem. Depois daquele bate-papo de quinze minutos, ele já sabia que eu era descendente de imigrantes e que meu amado padrasto tinha acabado de falecer. Ele também sabia que eu estava obcecada com um leite de coco que só era vendido em uma loja de produtos naturais específica em Manhattan e que meu aniversário estava próximo.

Dois dias depois, no meu aniversário, ele chegou para a aula trazendo meu leite de coco favorito.

Pronto. Ele era "a pessoa certa".

O relacionamento começou logo após nosso primeiro encontro, na semana seguinte. Entramos de cabeça e não olhamos para trás. Conversávamos todos os dias, trocávamos mensagens o dia inteiro e dormíamos na casa um do outro várias vezes por semana. Basicamente, fiz tudo o que digo para meus clientes e seguidores nas redes sociais não fazerem. Meu raciocínio ingênuo na época era o de que na minha idade eu já não era mais inexperiente, e nem ele. Eu já tinha tido vários relacionamentos sérios e estava sem namorar fazia um ano, depois de dois relacionamentos casuais muito ruins; eu me sentia pronta para ter outra relação séria. Ele estava divorciado havia dois anos e tinha seguido em frente. Além disso, por causa da nossa química, eu tinha certeza de que nada nos atrapalharia.

Quando me lembro daquelas primeiras semanas de vínculo com meu ex-marido não consigo deixar de rir de mim mesma e da situação. Todo dia ele me falava que eu era a garota dos seus sonhos, e com duas semanas de namoro ele disse "Eu te amo". Eu amava o fato de ele recusar a todas as ligações, mas sempre atender as minhas. Amava o fato de ele não arranjar tempo em sua rotina de trabalho apertada para ninguém além de mim e de sua família. Eu amava o fato de ele ter me apresentado aos seus pais após poucas semanas e de eu ter me dado muito bem com os dois. Também adorava o fato de ele ser o primeiro homem que eu conhecia em mais de dez anos com quem sinceramente me dava bem e me divertia. Em outras palavras, nós nos bombardeamos de amor; no sentido de que éramos dois adultos que não sabiam como processar o entusiasmo que sentíamos um pelo outro e por isso agíamos como dois adolescentes que estavam se apaixonando pela primeira vez.

As pessoas frequentemente se apaixonam pelo desejo que sentem pelas ilusões projetadas do outro. Porém, o amor maduro diz: *eu vejo você por inteiro e aceito você por inteiro.*

A verdade é que, no fim das contas, é você quem decide quem será "a pessoa certa". E, quando finalmente se decidir, vai precisar tomar essa decisão várias e várias vezes durante o relacionamento. O que espero é que você escolha a pessoa que ofereça a liberdade e o apoio necessário para você se expressar plenamente no mundo, para que nunca precise reprimir quem você nem fingir ser alguém que não é.

O amor não é apenas um sentimento; é também uma prática intencional, um ritual diário, um verbo.

O que significa amar?

Passei os últimos dez anos ajudando pessoas a entender o que significa realmente amar alguém em um relacionamento amoroso e, consequentemente, o que significa ser amado. Para que um relacionamento seja bem-sucedido, precisamos entender que o amor não é apenas um sentimento. Precisamos *construir* o amor.

Qualquer pessoa pode se apaixonar, mas amar alguém para além da fase de lua de mel demanda outro tipo de habilidade.

Amar é uma habilidade que requer atenção plena e autoconhecimento. Amar não é só um sentimento; é uma prática intencional que demanda ação. Amar com qualidade significa superar nosso ego e nos responsabilizar pela nossa energia, porque a construção e a saúde de um relacionamento dependem do bem-estar das duas pessoas envolvidas.

O amor é uma energia que precisa ser alimentada para se sustentar a longo prazo, e somos nós os responsáveis por fazer isso. Amar alguém é tomar a decisão consciente de aceitar uma pessoa que, com frequência, não vamos compreender. Significa amar nosso parceiro mesmo quando ele nos irrita. Significa agir como "a pessoa certa" e não simplesmente esperar que o outro seja *o* certo. Significa disciplinar nossa mente para evitar que ela crie histórias que nos fazem culpar nosso parceiro em vez de enxergarmos nossa contribuição também. Amar alguém requer colaboração, negociação, não entrar na zona de conforto, estar junto e ao mesmo tempo distante. Para amar, precisamos ter compaixão, empatia, autoconhecimento e compreensão.

Amar alguém significa amá-lo como ele precisa que o amemos, e não de um jeito que é confortável para nós.

Amar alguém é aceitar o passado do outro e se comprometer a não continuar uma parte desse passado que causou a ele tanta dor e sofrimento.

Amar alguém é nos lembrarmos constantemente de que a pessoa que alegamos amar é um presente que não deve ser subestimado.

Amar alguém é aceitar o outro como ele é. Significa aceitar suas nuances, peculiaridades e excentricidades. O que é diferente de tolerar comportamentos abusivos e padrões disfuncionais (escrevo mais sobre isso na Verdade 4). É simplesmente aceitar que, quando amamos alguém de verdade, não tentamos mudar quem ele é em sua essência. Muitas pessoas confundem amar alguém pelo que ele é com aceitar menos do que merecem em um relacionamento. Não é a mesma coisa. Haverá momentos em que você se verá diante da difícil decisão de ter que sair de um relacionamento porque não pode aceitar (nem deveria aceitar) quem essa pessoa é e nem a bagagem que ela carrega. Você também pode decidir não aceitar alguém simplesmente por ele não ser a pessoa certa para você, assim como você não é a pessoa certa para ele.

Amar a pessoa como ela é significa não tentar transformá-la em alguém que ela não é. Não tentamos fazer um cientista se tornar um artista ou vice-versa. Não tentamos forçar alguém a acordar cedo quando essa pessoa sempre foi sincera ao dizer que não é matutina. A maioria espera a perfeição de seus parceiros. E a verdade é que não podemos dizer: *gosto de você, mas se você pudesse mudar essas três coisas eu te amaria de verdade.* Você não pode jogar esse jogo consigo mesmo nem com outra pessoa.

Aceitar alguém como é significa aceitar os defeitos dessa pessoa. Isso não quer dizer que essa pessoa tem permissão para tratar você com desrespeito. Não quer dizer que você não terá que conversar sobre como vocês podem atender melhor as necessidades um do outro. Quer dizer apenas que quando você escolhe amar alguém está conscientemente escolhendo o passado e as dificuldades do outro. Sei que alguns de vocês que estão lendo isso podem ter um histórico de aceitar menos do que merecem, e, se for esse o caso, quero que você aumente suas exigências para poder esperar ser bem tratado. Mas a verdade continua sendo que a maioria das pessoas tem tão pouca tolerância com os defeitos do outro que espera a perfeição, ainda que no fim das contas sejamos todos imperfeitos. E o que queremos mais do que qualquer outra coisa? Que nos aceitem como somos. Queremos saber que, apesar de não sermos perfeitos, alguém vai nos amar assim mesmo. Se nós queremos isso, como podemos esperar não dar essa mesma condição à outra pessoa?

Por isso é importante escolher com sabedoria. Todo mundo tem uma história. Mas nem toda história é compatível. Você não pode continuar em um relacionamento para tentar mudar a outra pessoa.

É verdade que sempre é possível melhorar. E é justo esperar que nós e os outros estejamos dispostos a crescer e evoluir da melhor forma que pudermos. Mas também precisamos ser realistas. Existem coisas que nunca vão mudar dentro de nós e feridas que nunca vão cicatrizar.

Se você soubesse que algumas coisas nunca vão mudar no outro, ainda assim o escolheria? Não há nada mais enlouquecedor, destrutivo e doloroso do que estar com alguém que quer nos mudar ou estar com alguém que queremos mudar.

Precisamos ser capazes de distinguir entre tolerar as imperfeições inerentes a cada um de nós e reconhecer o que é intolerável de verdade.

Uma relação repleta de amor verdadeiro e compreensão requer comprometimento, responsabilização, intenção, paciência, comunicação, criatividade, autoconhecimento, gratidão e coragem. Estar em um relacionamento amoroso significa que precisaremos não só nos desculpar com frequência como desculpar o outro também. Significa saber perdoar. O amor diz: *quando você sofre, eu escuto*. Permanecer apaixonado significa ter a coragem de enfrentar os problemas que estão causando desencontros emocionais e íntimos. Permanecer apaixonado significa brigar e fazer as pazes; brigar pelo outro e brigar para manter a harmonia e a paz no relacionamento.

Uma das maiores lições que aprendi sobre o amor é que, quando as necessidades do nosso parceiro são mais importantes do que as nossas, nos tornamos mártires ressentidos no relacionamento conosco, e nunca seremos capazes de *construir* o amor nesse estado. Quando nossas necessidades são frequentemente mais importantes que a do outro, nos tornamos egoístas, e não somos capazes de amar quando estamos sendo egoístas. Amar alguém de verdade significa aprender que suprir a necessidade do outro é tão importante quanto suprir nossas próprias necessidades.

As pessoas em geral precisam de ajuda para aprender a sacrificar menos ou a ser menos egoístas em seus relacionamentos. Se formos sinceros conosco, a maioria de nós admitiria que precisa de ajuda para fazer menos as duas coisas.

Quando dizer "Eu te amo"

O "Eu te amo" que dizemos no início de um relacionamento não é o mesmo "Eu te amo" que dizemos depois de termos construído uma base sólida de confiança. Isso não diminui o amor que sentimos no começo; significa apenas que aquele amor, e o significado que ele carrega, muda à medida que evoluímos e ficamos mais próximos um do outro.

Não posso dizer quando é o momento certo de dizer "Eu te amo". No entanto, posso dizer que não é o momento certo se vocês ainda não tiveram uma primeira discussão. Também posso dizer que o "Eu te amo" que você diz no início não será o mesmo "Eu te amo" que dirá quando ambos tiverem visto o pior lado um do outro e tiverem passado por momentos difíceis juntos. Acredito que dizer essas palavras é importante; independentemente de qual seja nossa linguagem do amor, precisamos ouvir as palavras "Eu te amo" saírem da boca um do outro *pelo menos* de vez em quando. Se você sentir, diga. Mas lembre--se: o amor não é apenas um sentimento; ele é um verbo.

Prefira caráter a charme

Adam tinha 31 anos. Como um típico rato de academia, ele passava seu tempo livre levantando peso, entrando em banheiras de gelo e saunas toda manhã, além de adorar conversar sobre as bebidas proteicas que inventava e sobre por que a dieta páleo era a melhor para a saúde. Ele era bonito, saudável e educado, e queria um relacionamento sério que caminhasse para casamento e filhos. *Oba, oba, oba!* Adam era o homem que muitas das minhas clientes *millennials* e heterossexuais desejavam.

Quando me procurou, ele estava arrasado porque a mulher que amava tinha terminado a relação. Ela era o protótipo da mulher que Adam sempre sonhou conquistar: uma influenciadora digital de atividade física linda e loira chamada Andrea que adorava bebidas proteicas, levantar peso e pilates.

— Vocês ficaram juntos quanto tempo? — perguntei.

— Pouco tempo, só uns dois meses — ele respondeu em voz baixa.

Parte de mim queria sacudi-lo. Eu queria dizer: *Você mal conhece essa mulher. Não pode achar que a ama.*

Quem dera isso ajudasse. A verdade era que *eu* precisava acordar e me lembrar de ter compaixão. Precisava sentir a dor de Adam para poder me conectar com ele.

Para poder ajudá-lo, eu precisava me enxergar nele. Por mais que eu não goste de lembrar dos momentos em que chorei até dormir por quem não merecia minhas lágrimas, era exatamente desses momentos que eu precisava me lembrar para poder ajudá-lo. Eu conhecia o sentimento de rejeição intimamente. Na verdade, depois de anos trabalhando com pessoas, aprendi que a rejeição afeta de maneira profunda todo mundo. Alguém basicamente vira e diz: "Não, não é você. Você não é bom o suficiente para mim. Eu não escolho você. Eu não escolho construir uma vida com você". Em seguida ficamos obcecados com o fato de não termos sido escolhidos e nos convencemos de que não somos bons o suficiente para *sermos* escolhidos. Somos tomados por pensamentos sobre como podemos provar nosso valor para aquela pessoa e conquistá-la.

Adam fez o que a maioria de nós já fez: confundiu química com intimidade emocional. Porém, essa confusão não diminuiu o impacto da rejeição. Grande parte do processo para se recuperar de uma desilusão amorosa passa por renunciar aos nossos sonhos sobre como aquele relacionamento poderia ser e despertar do transe amargurado que nos hipnotizou e nos fez questionar nosso valor.

Quando Adam conheceu Andrea, agiu como muitas pessoas fazem quando conhecem alguém por quem se sentem atraídos: ele a colocou em um pedestal. Adam se sentia loucamente atraído por Andrea. E a cereja do bolo era que ela alegava estar "à procura de seu rei para que pudesse se entregar à sua feminilidade divina e os dois pudessem construir um relacionamento feliz e consciente".

Desafio aceito. Adam estava decidido a provar que era o rei que ela buscava. Basicamente, Adam era um Ken da atividade física, que achava que tinha encontrado a sua Barbie da atividade física, os dois seriam um casal modelo no Instagram e teriam lindos bebês instagramáveis.

— Então, Ken, você encontrou sua Barbie, certo? — eu disse, sorrindo para aliviar um pouco a minha fala. Eu precisava dizer algo um pouco atrevido para fazer Adam acordar. Depois de apenas uma sessão, já tínhamos estabelecido uma boa conexão. Além disso, o superpoder de Adam era que ele queria mudar e tinha adorado minha franqueza.

— Ha ha. Acho que entendi o que você quer dizer. Ah! E olha só essa: ela chegou a admitir para mim depois do nosso segundo encontro que antes de me conhecer estava saindo para jantar com homens diferentes seis dias na semana para poder comer de graça em lugares chiques.

Olhei para ele chocada:

— Você só pode estar brincando!

— Não.

— Quer dizer que você não para de pensar em uma mulher que literalmente admitiu para você ter uma falha de caráter, sem contar que toda essa história sem sentido de querer construir um "relacionamento" não passa de papo-furado. Ela usa essa retórica para poder se sentir melhor, quando na verdade simplesmente usa os homens para ter ganho material — disparei sem rodeios, mas com tranquilidade.

— Nossa. — A expressão dele era a de alguém que tinha acabado de acordar depois de um mês dormindo.

— Adam, me diga o que é realmente importante para você — pedi.

— Família. Ser uma boa pessoa. Amor. Trabalhar duro — ele respondeu com confiança.

Imediatamente entrei no meu modo professora:

— Esses são os seus valores, Adam. Nossos valores são o que definem o nosso caráter, e o único jeito de você conhecer a mulher certa é priorizar o caráter em vez do seu "tipo". Andrea não é uma Barbie da atividade física; ela é uma Barbie superficial. E, de qualquer forma, Adam, você não é o Ken. Você é uma pessoa de verdade, que está procurando uma conexão verdadeira com alguém que queira as mesmas coisas da vida que você. Pare de colocar essa mulher em um pedestal, e em vez disso procure enxergar quem é a pessoa diante de você de verdade.

Eu também precisava apontar a discrepância:

— Adam, você valoriza investir em si mesmo para se tornar uma pessoa melhor. Você não pode mais namorar mulheres como Andrea, porque fazer isso contraria seus próprios valores. E pode acreditar em mim: eu entendo o seu sofrimento, Adam, de verdade. — Coloquei a mão sobre meu coração enquanto falava com ele. — Eu conheço o sentimento de decepção por um relacionamento não ser o que imaginávamos que ele seria. Mas, Adam, quando você fala dela, a única coisa que diz é que se sente atraído por ela, e acho interessante que nenhuma vez você mencionou a palavra amor. Às vezes, quando nos sentimos muito atraídos por alguém, temos dificuldade de enxergar quem a pessoa que está diante de nós é de verdade. Acho que você, no fundo, sempre soube que ela não tinha as qualidades que você procura em uma esposa, e acho também que ignorou alguns sinais de alerta importantes.

— Além do mais — Adam concordou —, ela gosta de balada e bebe muito. Eu não gosto.

— É disso que estou falando.

— Caramba. Essa conversa acabou de mudar a minha vida — ele disse, parecendo surpreso.

O principal problema de Adam era que ele se sentia tão atraído por Andrea que ignorava completamente os sinais de alerta que indicavam que ela não era a pessoa certa. Em vez disso, ele a colocou em um pedestal.

Colocar o outro em um pedestal é a pior viagem. Em vez de enxergar quem a pessoa é na realidade, vemos uma versão idealizada de quem desejamos que aquele possível parceiro de vida seja. No lugar de enxergar a pessoa real e com defeitos diante de nós, vemos "a pessoa certa". Quando finalmente percebemos que aquela pessoa tinha defeitos e que é possível que ela não nos faça bem, sucumbimos com o peso das nossas expectativas erradas, ao mesmo tempo que a pessoa fica arrasada por cair do pedestal. Todos perdem.

Não quero ser a garota dos sonhos de ninguém

Um dos meus filmes favoritos é *(500) Dias com ela*. Nele, o protagonista, Tom, é um rapaz solitário sem muitos objetivos na vida. Quando conhece Summer — a típica garota dos sonhos, cheia de peculiaridades, que tinha começado a trabalhar com ele em um emprego sem graça —, ele imediatamente se enche de vida. O que se segue é a representação perfeita de um relacionamento disfuncional sob o olhar do protagonista do filme, igualmente disfuncional. Tom é doce, sério e fica completamente encantado por Summer. Durante a maior parte do filme, ele tenta desesperadamente ser suficiente para ela, para que ela o escolha. Summer, por outro lado, é descrita como uma pessoa reservada e esquiva, por não ser capaz de retribuir verdadeiramente o amor de Tom. Para quem assiste, é fácil ser levado a acreditar que Summer é a vilã que não estava disponível emocionalmente. Mas a verdade é que nós, os espectadores, nunca chegamos de fato a conhecer Summer. Só vemos a Summer que Tom vê: a casca de uma mulher que Tom decidiu que era perfeita. Ela era uma mulher no topo de um pedestal; a projeção de uma versão de feminilidade idealizada por Tom. Ela era a metáfora da esperança em um mundo no qual ele se sentia completamente desconectado de si mesmo e de seu propósito de vida.

Os pedestais fazem parte do amor adolescente, mas não há lugar para eles no amor adulto.

Já fui colocada em pedestais muitas vezes ao longo da vida, e, para ser sincera, eu gostava até o momento em que caía dele. No passado, em vez de ser autêntica, eu tentava corresponder à perfeição que era projetada em mim, até que não conseguia mais sustentar aquela ilusão. Quando não dava certo, sempre me sentia incompreendida. A ideia de que ninguém nunca tinha me amado por quem eu era se tornou o elemento central da minha história. Hoje, não tenho interesse nenhum em ser a garota dos sonhos de alguém, como eu fui para o meu ex-marido. Não estou interessada em interpretar um papel na fantasia de infância de alguém de como o amor deveria ser. Não estou no pedestal de ninguém, e ninguém está no meu. Todos nós temos defeitos, e fazemos o melhor que podemos com o nível de maturidade e consciência que temos naquele determinado estágio de nossa vida. Cada pessoa que você conhece tem uma história, mas nem toda história vai se encaixar na sua. Então, escolha com sabedoria.

Formar uma família, dormir cedo e seguir um estilo de vida saudável e sem bebidas alcoólicas eram valores fundamentais para Adam, e ele queria uma parceira que compartilhasse desses valores. Andrea, por sua vez, admitiu que usava os homens para jantar de graça, não queria ter uma família (pelo menos não tão cedo) e adorava sair à noite ao longo da semana, além de gostar de beber. Os dois poderiam ter uma ótima conexão física, mas, como casal, não tinham o que era necessário para fazer uma conexão emocional durar no longo prazo. Os objetivos e valores deles eram completamente diferentes, e os dois não entendiam que querer as mesmas coisas da vida é fundamental para uma parceria duradoura.

Os relacionamentos precisam ter uma base na confiança e na segurança para sobreviver. Uma lição sobre o amor que só fui aprender mais tarde na vida é que a confiança e a segurança emocional levam tempo para serem construídas. Precisamos passar por várias experiências juntos, ter conversas difíceis, bem como tempo suficiente para testar o nível de respeito e lealdade que temos um pelo outro. O primeiro ano de um relacionamento é frágil porque construir uma base forte exige tempo, comprometimento e cuidado.

Não brinque de casinha com um estranho

Adam ignorou todos os sinais de alerta óbvios de que ele e Andrea não eram compatíveis; em vez disso, os dois pegaram a conexão que tinham e pisaram no acelerador, como adolescentes excitados. Em vez de aproveitar o tempo para se conhecer, fizeram o que muitas pessoas influenciadas pelo desejo fazem: foram "brincar de casinha" quase imediatamente depois do primeiro encontro. Brincar de casinha é quando fazemos todas as coisas que os casais que estão em um estágio mais avançado do relacionamento fazem. Por exemplo, sair do estágio de namoro casual para assumir um compromisso mais sério deveria ser o momento em que começamos a passar mais tempo juntos; dormir na casa um do outro, às vezes durante dias seguidos; fazer compras juntos; tomar decisões importantes juntos; fazer planos para o futuro juntos, até que nossas rotinas estejam completamente integradas.

Assim como muitas pessoas com quem trabalhei ao longo dos anos, Adam e Andrea começaram a agir como um casal quando ainda eram praticamente estranhos um para o outro. Eles trocavam mensagens o dia todo, se viam várias vezes por semana e passavam fins de semana inteiro juntos. Não surpreende que apenas três semanas depois de se conhecerem eles tenham começado a brigar. Se não procuramos realmente conhecer o outro para ver se podemos construir uma base juntos, nossa conexão vai acabar antes mesmo de podermos dizer que estamos em um relacionamento. É como dirigir a 160 por hora em um carro esportivo no dia seguinte àquele em que tiramos nossa habilitação: não é uma boa ideia.

Acredite em mim, eu sei como é ser arrebatado pelo desejo, pela esperança e pelo frescor de um novo "relacionamento". Lembro-me da loucura total que é gostar de alguém novo e de não conseguir me concentrar em nada além da pessoa. É como se todo o nosso sistema nervoso tivesse sido tomado. É empolgante e excitante, até que um dia acordamos ansiosos e sentindo que não estamos mais no controle de nossa vida.

Brincar de casinha com alguém que mal conhecemos é nossa tentativa de pular a fase "de estar se conhecendo" para que não precisemos enfrentar o desconforto do sentimento de incerteza que é parte inerente do período de namoro. Muitas pessoas pulam conversas necessárias sobre desejos, necessidades, limites, expectativas, dinheiro, estilo de vida e filhos, acreditando que, se simplesmente agirem como um casal, vão se tornar um casal de verdade. Essas pessoas acreditam (como eu também acreditei), que como sua conexão é muito forte, deveriam estar em um relacionamento. Embora ter uma conexão forte com alguém seja crucial, uma vez que nos motiva a querer aprender mais sobre o outro, tanto Danielle quanto Adam nos ensinaram que só isso não é suficiente.

Se você brinca de casinha com um estranho, está tentando construir uma casa com uma base frágil.

Processando nosso entusiasmo

Não confunda sentimentos intensos com aquilo que realmente é necessário em um relacionamento.

Adivinha só? No fim, a intensidade vai acabar; isso é um fato. E o que fica são duas pessoas repletas de defeitos, cada uma com seus próprios valores, objetivos, traumas e histórias. É nesse momento que descobrimos se temos o que é necessário para construir uma casa juntos.

No início, pode ser divertido se deixar levar pela novidade de uma nova conexão. Chega a ser reconfortante e gostoso sentir frio na barriga já adulto, igual a um adolescente de 15 anos. O frio na barriga é um lembrete agradável de que nosso coração ainda está batendo; de que ainda estamos vivos: abertos, vulneráveis e sedentos por paixão. Como argumentei no início deste capítulo, o que procuramos é a vivacidade. Mas, se não nos dermos *tempo* para processar nosso entusiasmo por alguém, provavelmente vamos nos machucar. Se não passarmos por esse processo, vamos confundir desejo com amor e química com intimidade emocional, além de ficarmos sujeitos a entrar em um relacionamento bastante tóxico. A verdade é que a maioria de nós usa nossos sentimentos intensos como desculpa para não fazer a si mesmo perguntas importantes.

Como adultos, precisamos analisar e questionar esses sentimentos. Se você tem a tendência de pular etapas em relacionamentos e brincar de casinha com estranhos, processar esses sentimentos é extremamente necessário no seu caso, e pode ser importante pedir ajuda para um terapeuta ou um *coach*.

Vá devagar

Existem casais que fizeram tudo muito rápido desde o primeiro dia e hoje estão felizes, estáveis e apaixonados.

Eles são a exceção à regra.

Como vimos anteriormente, deixar-se seduzir pela química e atropelar os estágios iniciais de incerteza de um relacionamento quase sempre termina em decepção e desilusão amorosa. O antídoto é ir devagar. Mas o que quero dizer com ir devagar?

Ir devagar significa estar em contato constante consigo mesmo para verificar como se sente sobre aquela pessoa e sobre si mesmo quando está com ela. Fazer checagens regulares é muito importante quando você começa a se sentir inseguro em função da incerteza de não saber se aquela conexão vai levar a algum lugar. É óbvio que você quer que as coisas progridam entre você e alguém de quem gosta; porém, isso não é a mesma coisa que planejar seu futuro com uma pessoa que não conhece tão bem e que está mostrando o seu melhor lado.

Se você é sentimental e se apega emocionalmente depois de dormir com alguém de quem gosta, então, no seu caso, ir devagar significa esperar para fazer sexo somente depois que vocês estiverem comprometidos um com o outro. Todo mundo tem direito de fazer o que quiser com seu corpo, então não se trata de um comentário moralista sobre fazer sexo antes de estar em uma relação monogâmica ou no casamento. Podemos ter uma postura positiva com relação ao sexo e ainda assim reconhecer que ele pode complicar os sentimentos: podemos facilmente confundir uma noite de paixão com intimidade emocional. A dura verdade é que o sexo, mesmo quando é incrível e ardente, não significa a mesma coisa para todo mundo. Se você não consegue separar amor de sexo, isso é algo bonito que você nunca deveria tentar mudar. O que estou dizendo tem a ver com entender sua psicologia e respeitar suas vulnerabilidades. Se você já se magoou no passado, precisa proteger seu coração e esperar para ficar íntimo de alguém só depois de ter certeza de que seus sentimentos são correspondidos e de que seus objetivos para o relacionamento são os mesmos. Isso fará toda a diferença para você.

• • • • • • • • • • • • • • • •

PRATICANDO ESSA VERDADE

Conversando sobre o ritmo do relacionamento

A seguir apresento alguns exemplos de como você pode comunicar sua necessidade de conduzir o relacionamento em um ritmo mais contido.

"Gosto de verdade de você e estou feliz de poder conhecê-lo melhor. Em relacionamentos anteriores, sempre que eu tentava acelerar as coisas, nunca dava certo. Eu gostaria que a gente tentasse se conhecer antes de começar a dormir na casa um do outro. O que você acha?"

"Estou muito atraído por você, mas estou em um momento da minha vida no qual só quero transar com alguém com quem eu queira um compromisso."

"Adoraria ir nessa viagem com você! Mas prefiro que a gente se conheça melhor antes de começar a viajar junto."

"Por mais que uma parte de mim queira estar com você várias vezes por semana, seria melhor a gente ir mais devagar. O que você acha?"

Amando com intenção

Em uma folha de papel ou um caderno, responda às perguntas a seguir sendo o mais sincero possível. Leve o tempo que precisar.

1. Como você gostaria de amar seu atual ou futuro parceiro?

2. Quais são suas dificuldades *para construir* o amor?

3. Você consegue pensar em uma situação em um relacionamento anterior em que teve dificuldade de aceitar alguém como ele era ou esperou perfeição dessa pessoa?

Como processar seu entusiasmo por alguém novo em sua vida

Questione-se regularmente. Desafie seus sentimentos, fazendo a si mesmo estas importantes perguntas:

1. Como me sinto quando estou com essa pessoa, e quando não estou com ela?

2. Gosto de quem eu sou quando estou com essa pessoa?

3. Eu me sinto confortável sendo eu mesmo com essa pessoa? Posso expressar tranquilamente minha opinião diante dela?

4. Será que realmente gosto dessa pessoa ou estou mais preocupado em fazê-la gostar de mim?

5. Nós temos os mesmos valores fundamentais sobre a vida?

6. Temos os mesmos objetivos de vida com relação a família, filhos, dinheiro e estilo de vida?

7. Já vi essa pessoa estressada? Como foi?

8. Quando essa pessoa está estressada, ainda assim conseguimos nos manter conectados emocionalmente?

9. Somos compatíveis? Concordamos sobre como seria um sábado ideal? Gostamos de fazer muitas atividades parecidas?

10. Em quê nós somos diferentes? Essas diferenças contribuem para nosso relacionamento ou causam problemas?

Cinco práticas poderosas para ajudá-lo a colocar os pés no chão e concentrar-se em si mesmo

1. Continue passando tempo de qualidade com seus entes queridos. Quando você se mantém conectado à sua família, reforça a verdade de que já é amado e tem uma vida que é importante para você. Nossos entes queridos conseguem enxergar a beleza que às vezes não conseguimos ver em nós mesmos.

2. Peça ajuda para um amigo ou mentor. Peça a alguém capaz de ser objetivo para cobrá-lo e ajudá-lo a se manter com os pés no chão quando seu raciocínio ficar inebriado pela atração. Por exemplo, você pode perguntar: "Você acha que esse é um padrão meu, ou que essa pessoa parece ser interessante para mim?" ou "Será que estou me deixando levar?".

3. Concentre-se no que é importante para você, seja o trabalho, um hobby ou qualquer outra responsabilidade. Quanto mais você se sentir conectado ao que o motiva, melhor. Isso vai funcionar como um lembrete de que você tem uma vida em que o outro precisa se encaixar.

4. Respire. Psicologicamente, o entusiasmo pode facilmente se transformar em ansiedade. A ansiedade pode nos fazer pensar em excesso e ruminar. Respire fundo algumas vezes, inspire devagar pelo nariz, levando o ar até o abdome, e em seguida solte todo o ar lentamente pelo nariz.

5. Mexa seu corpo. Quando se sentir consumido pela pessoa que está conhecendo, saia para dar uma volta, corra, dance, se alongue, levante peso, o que quer que funcione para você. A melhor forma de não ficarmos presos em nossos pensamentos é nos movimentando.

Nunca se esqueça: todo mundo mostra sua melhor versão no início. Não importa o quanto se sinta atraído por uma pessoa, é impossível saber se o outro é a pessoa certa para você até que os dois tenham se visto estressados e tenham tido algumas discussões. Como vocês fazem para se manter conectados ou não durante momentos difíceis é o verdadeiro teste de um relacionamento.

Enxergando a química por outro ângulo

A química é algo misterioso. Desejo é o que acontece quando temos química com outra pessoa, mas *desejo não é amor*. Precisamos desaprender algumas de nossas crenças sobre "a pessoa certa"; precisamos aceitar algumas duras verdades sobre o que acontece quando colocamos alguém em um pedestal; e às vezes precisamos nos propor ir mais devagar, mesmo quando nos sentimos prontos para pular de cabeça em algo novo.

A química é extremamente necessária em um relacionamento amoroso, porém ela não é suficiente para que possamos construir uma parceria duradoura. Precisamos de alguém que fique do nosso lado; alguém que seja o melhor amigo que já tivemos quando as coisas ficarem difíceis. Porque elas vão ficar difíceis. A vida vai acontecer, vamos enfrentar perdas e contratempos e precisar de alguém que tenha a coragem, a lealdade e o compromisso necessários para construir a vida conosco. Não me entenda mal: a química é importante. Só não quero que você entregue seu coração para alguém só porque vocês dois têm química. Isso não é suficiente.

Eis uma verdade da qual tenho certeza: você é capaz de ter química com várias pessoas. E a maioria de nós fará o melhor sexo da nossa vida com a pior pessoa para nós. Geralmente a química sexual é a cola que sustenta um relacionamento tóxico. Mas cada um de nós tem uma escolha: ir atrás da pessoa com quem nos sentimos mal, mas com quem o sexo é intenso; ou ir atrás da pessoa por quem nos sentimos não só atraídos como também seguros, e com quem trabalhamos juntos para explorar e fortalecer nossa vida sexual. Sentir-se seguro com alguém nos ajuda a soltar as rédeas, e isso é essencial para ter uma experiência sensual positiva.

Se você tem a tendência a se encantar por alguém que não faz bem para você, esse, por si só, já é um sinal de que algumas coisas precisam ser curadas e ressignificadas. No geral, essa ressignificação envolve desaprender o que você aprendeu sobre o amor com

Hollywood (como a franquia *After*, centrada em um casal tóxico) e com livros populares (como *Cinquenta tons de cinza* ou *É assim que acaba*). Às vezes é preciso procurar um terapeuta que possa ajudá-lo a desvendar e curar traumas de infância não resolvidos, principalmente se você tiver tido relacionamentos extremamente tóxicos ou abusivos. Na maioria das vezes, isso significa aprender a se valorizar mais. (Falarei mais sobre isso na Verdade 4.) O fato é que, embora a atração seja importante, ela também é um diabinho traiçoeiro que pode convencê-lo a ceder. É nesse momento que precisamos decidir que queremos mais do que uma simples conexão química; queremos nos sentir conectados emocionalmente também; queremos nos sentir seguros e livres para ser quem realmente somos.

Quando evoluímos, o tipo de pessoa por quem nos sentimos atraídos evolui também.

VERDADE 4

Você precisa se amar

Toda pessoa que tem dificuldade para viver um relacionamento saudável também tem dificuldade para se amar.

Quando eu tinha 28 anos, conheci David no meu estúdio de ioga. Ele tinha 36 anos, era bonito e carismático. Perguntei a uma amiga que o conhecia o que ela achava dele, e ela disse: "Humm. Ele é complicado. Não sei se seria um bom namorado, Jillian". Hoje em dia, fico chocada de pensar que não vi a resposta dela como um sinal de alerta, mas isso nem passou pela minha cabeça. *Complicado? Não sei se seria um bom namorado? Desafio aceito. Comigo vai ser diferente.*

Em vez de levar o aviso a sério, considerei David um desafio no qual poderia provar meu valor e "conquistá-lo". Eu me sentia atraída por ele, e era só isso que eu precisava saber: que eu queria que ele me desejasse também. A primeira vez que encontrei David, fazia um ano que eu só tinha relacionamentos casuais, e meu namoro anterior, que tinha durado quase seis anos, havia sido saudável e cheio de amor. Terminou porque tinha que terminar: nossa conexão havia se tornado mais uma amizade do que aquilo que se espera entre duas pessoas envolvidas romanticamente. Aos 28 anos, eu queria casar e começar uma família. Eu estava "pronta". A verdade é que eu estava longe de estar pronta.

David e eu tivemos uma química instantânea; daquele tipo

que toma conta do nosso cérebro, ofusca nossa visão e nos cega para sinais de alerta evidentes. Depois do nosso primeiro encontro — aperitivos e vinho branco no bairro Nolita, em Nova York —, ele me acompanhou até em casa. Assim que chegamos à entrada do meu prédio, ele não perdeu tempo e me beijou. Foi exatamente o que eu esperava: incrível. Mas, enquanto trocávamos beijos ardentes na rua, à meia-noite e meia, em frente ao meu prédio antigo e deteriorado, ele levou a mão por dentro da parte da frente da minha blusa, por baixo do meu sutiã, e apalpou meu seio. Eu me lembro de pensar *que ousado para um primeiro encontro*. Lembro de me sentir desconfortável com a atitude dele, mas não o interrompi. Foi a primeira vez que ignorei meus instintos com relação a David.

Depois do primeiro encontro, nos tornamos oficialmente um casal, e por cerca de um mês foi só felicidade. David era atencioso, doce e engraçado, e nossa conexão física era diferente de tudo o que eu já tinha experimentado antes.

Nunca vou esquecer de uma manhã preguiçosa em um domingo, quando estávamos conversando na cama, bebendo café e comendo torradas, e ele confessou ter um temperamento muito ruim.

— Sério? — perguntei, descrente. — Não consigo nem imaginar você assim.

— Sério — foi tudo que ele respondeu.

Preste atenção nisso, por favor: se alguém que você está namorando diz que tem um temperamento ruim, esse é um sinal de alerta ostensivo. O que ele realmente está dizendo é que não tem nenhum autocontrole e é incapaz de regular as próprias emoções. Além disso, ele está basicamente admitindo que existem muitas coisas que ele precisa trabalhar em si mesmo e que ainda não fez isso. E o mais importante: essa fúria em algum momento vai ser direcionada para você; e será uma questão de tempo para você se ver em um relacionamento tóxico com alguém com quem não se sentirá seguro. Não importa o quanto você se sinta atraído, não ignore esse alerta.

David acabou se revelando o típico homem tóxico e desprezível que se esconde atrás de uma educação de elite, conhecimento de mundo e boa aparência. Logo depois de nosso primeiro mês de lua de mel, a fúria e a manipulação vieram à tona, quando ele perguntou se poderia se mudar para meu estúdio de 90 metros quadrados.

Quando nos conhecemos, ele estava morando em um apartamento de 600 metros quadrados, construído antes da Segunda Guerra Mundial, no Upper East Side, bairro nobre de Manhattan. Mais tarde descobri que ele alugava o quarto de hóspedes para modelos jovens que vinham para Nova York para tentar "emplacar". David, um aspirante a artista de uma família de acadêmicos, tirava fotos dessas modelos de 18 anos na tentativa de ter um lucro extra. Quando esse trabalho não se mostrou lucrativo o bastante para que ele pudesse continuar morando em um apartamento no Upper East Side, ele decidiu se mudar para o meu apartamento, que era do tamanho de um banheiro grande. Quando ele me sugeriu isso, minha voz interior disse alto e claro: *Não*.

Eu hesitei, e ele ficou bravo.

— Então você claramente não está tão comprometida comigo como alega estar — ele disse, ressentido.

— Isso não é verdade — respondi prontamente.

— É sim. Você não está totalmente comprometida.

Com medo de perdê-lo, ignorei minha sábia voz interior.

O breve empreendimento varejista dele tinha falido antes de nos conhecermos; e, como seus pais não o ajudavam mais financeiramente, ele também conseguiu me convencer a pedir um cartão de crédito que ele pudesse usar. De novo, ignorei minha voz interior, que me dizia para terminar a relação. Minha autoestima era muito baixa e meu medo de perder aquela conexão era enorme. Aquele cartão acabou acumulando dívidas, embora eu fosse responsável com o dinheiro antes de conhecê-lo. Toda vez que eu discordava com ele sobre qualquer coisa, ele me chamava de vadia. Ele me chamava de vagabunda quase todo dia, cuspiu em mim duas vezes e me empurrou uma vez. Ele batia a porta na minha cara, e uma vez estávamos discutindo no carro enquanto ele dirigia e ele ficou tão furioso que ameaçou bater em um muro e nos matar. Ele tirou fotos de mim nua, colocou em seu "portfólio" sem meu consentimento, e mostrou para várias pessoas. Quando descobri isso, um ano depois, eu o confrontei; ele alegou que era um trabalho artístico e, portanto, tinha todo o direito de incluí-las em seu portfólio e divulgá-las. Não se engane, esse relacionamento despertou o pior em mim também. Eu li o diário dele. Vasculhei seu computador e descobri que ele passava o dia inteiro em sites de pornografia. Eu também entrava em brigas com ele sob o pretexto de "me defender".

Normalmente, em relações muito tóxicas, existe um ciclo vicioso de brigar, fazer as pazes, recuperar a proximidade, seguido de mais brigas. O alívio de se aproximar novamente é tão grande que mantém as pessoas presas nesse ciclo. Considerando que o objetivo de um relacionamento é ter conexão emocional e proximidade, a pessoa com baixa autoestima pode facilmente se convencer a acreditar que aqueles breves momentos de reconexão são suficientes para sustentar a relação.

Eu nunca tinha tido um relacionamento abusivo antes; por isso, não fazia ideia do quanto minha autoestima era baixa. Entrei naquele relacionamento acreditando ser uma jovem forte e confiante, mas a verdade era que eu não me amava o bastante para crer que merecia ser tratada com o mínimo de respeito. Minha necessidade de ser amada era muito mais forte que meu amor-próprio. Eu me achava exigente, mas na realidade não era tão exigente assim. Abandonei todas as partes de mim mesma naquele relacionamento e, consequentemente, o que senti foi uma dor profunda na alma. No fim, precisei aceitar o fato de ter permitido aquele péssimo comportamento; e aceitar o fato de que, na verdade, eu ainda era, em muitos aspectos, uma garotinha com medo da própria sombra.

Depois de um ano daquela montanha-russa emocional, nossa relação finalmente chegou ao fim. Eu gostaria de dizer que finalmente me impus e o expulsei do meu apartamento e da minha vida — porque, honestamente, a única forma de se impor em um relacionamento abusivo é colocando um ponto-final e nunca mais olhando para trás. Mas, em vez disso, ele tomou a iniciativa e se mudou um dia depois de ter perdido o controle e, em um acesso de fúria, jogar minha televisão contra a parede. Quando olho para trás, só posso pensar que ele finalmente tinha conseguido se assustar o suficiente para perceber que era incapaz de estar em um relacionamento.

Quando ele se mudou, precisei recolher os pedaços da minha autoestima. Foi terrível, mas aquele namoro me ensinou uma das lições mais importantes da minha vida. Eu precisava me olhar no espelho e admitir para mim mesma que, por mais terrível que David fosse, eu tinha permitido aquele comportamento que violou cada parte do meu ser e da minha intuição. Foi uma lição de humildade. Eu não era a mulher forte, segura, com a cabeça no lugar, que eu achava que era, e que muitos achavam que eu era também; e essa foi uma realidade difícil de encarar. Prometi para mim mesma que nunca mais visitaria aquele lado sombrio de novo. E cumpri a promessa.

Sempre que nossa necessidade de ter o amor do outro for mais forte que nosso amor-próprio, vamos nos abandonar em busca da atenção e da validação dele. Vamos tentar conquistar o amor dessa pessoa mesmo que não seja o tipo certo de amor; na realidade, em casos assim, quase sempre se trata do tipo errado de amor. A pessoa por cuja atenção ansiamos tanto costuma ser alguém que não merece nosso amor.

Por que é tão difícil se amar?

Muitas pessoas entendem racionalmente que têm valor. Por exemplo, alguém pode ser confiante no trabalho e se achar o máximo nesse ambiente; mas, em relacionamentos amorosos, aceita receber menos do que merece. Isso acontece porque ter uma autoestima forte no trabalho é resultado de ser amado pelo que você faz, não por quem você é.

Minha definição de amor-próprio é autoaceitação.

Mas por que é tão difícil nos amar por inteiro? A resposta é simples: lembramos de todos os erros que já cometemos. Lembramos de todo pensamento crítico, odioso e rancoroso que já tivemos; de todas as mentiras que já dissemos; de todas as atitudes maldosas e manipuladoras que já tomamos. Precisamos lidar com todas as deficiências — física, mental e emocional — que não gostaríamos de ter. Precisamos conviver com quem somos e com o que fazemos todos os dias, por isso é impossível escapar do nosso próprio julgamento. E o nosso julgamento é implacável. A maioria das pessoas é extremamente dura consigo mesma. Na verdade, sempre me surpreendo com o quanto as pessoas são duras consigo mesmas e com o quanto *eu* costumava ser dura comigo. Ficamos tão presos em nossos pensamentos, remoendo cada erro que cometemos, porque temos milhões de regras sobre como *deveríamos* ser, sobre a aparência que *deveríamos* ter e o que *deveríamos* conquistar. Fazemos isso com nossos parceiros amorosos também. Em vez de valorizá-los, nós os colocamos em pedestais altíssimos e o julgamos por não serem quem *deveriam* ser.

Precisamos nos amar antes de entrarmos em um relacionamento?

Alguns especialistas em autoajuda e influenciadores nos dizem que precisamos nos amar antes de nos sentirmos prontos ou mesmo capazes de estar em um relacionamento. Outros dizem que não precisamos nos amar primeiro, porque aprendemos a nos amar *durante* os relacionamentos.

Na minha opinião, ambas as teorias são verdadeiras.

Você não precisa se amar completamente para estar em um

relacionamento; não precisa morar em uma caverna, permanecer solteiro e buscar estar em constante evolução, para estar em uma relação gratificante. Isso porque — mesmo que você acorde um dia e pense: *Estou curado! Eu me amo! Posso ficar sozinho* — eu garanto que, quando você *estiver* em um relacionamento, vai enfrentar desafios. Aquela sua versão solteira, extremamente independente e adepta do amor-próprio, muitas vezes vai parecer uma lembrança distante. Dito isso, é preciso acreditar que, se você já tolerou receber migalhas e correu atrás do amor de pessoas que não estavam disponíveis, ou pior, esteve em um relacionamento abusivo, você *realmente* precisa aprender a se amar o suficiente para acreditar que merece ser amado. Só que amar a si mesmo não acontece da noite para o dia, como em um passe de mágica.

Correndo atrás de quem não está disponível, evitando quem está disponível

Jade me procurou porque, depois de anos fazendo terapia, ainda se sentia perdida. Aos 46 anos, nunca tinha tido um relacionamento verdadeiramente saudável e amoroso com um homem. Jade parecia uma modelo de capa de revista: alta, pernas longas, curvilínea, cabelo castanho volumoso e ondulado. Nunca me esquecerei de nosso primeiro contato. Jade entrou em nossa sessão virtual vestindo roupas de marca dos pés à cabeça, cabelo escovado, e o rosto coberto por uma maquiagem pesada. Ela realmente parecia ter saído direto de uma sessão de fotos. Não pude deixar de perguntar a ela qual era a ocasião. Afinal, ela era uma mãe solo, dona de casa, e eram dez da manhã.

— Uau! Você tem um evento importante para ir depois da sessão? — perguntei, realmente curiosa.

Ela riu.

— Não... nenhum evento. A menos que buscar meus filhos na escola conte como um evento. — Ela riu de nervoso. — Acabei de voltar do supermercado.

— Você normalmente se maquia assim quando sai para fazer compras?

— Bom, às vezes não vou de salto alto, mas nunca saio de casa sem ter feito cabelo e maquiagem — ela respondeu com firmeza.

Minha curiosidade aumentou. Adoro quando me deparo com pistas importantes sobre o universo interior de um cliente, e sentia que tinha acabado de encontrar uma peça importante daquele quebra-cabeça, embora não soubesse ainda onde colocá-la.

Jade tinha um longo histórico de correr atrás de homens extremamente inapropriados e indisponíveis emocionalmente. No passado, ela costumava sair com homens bem mais novos, que só estavam interessados em sexo casual, porque amava a validação que recebia deles. A maior parte de seus relacionamentos amorosos era breve, com exceção do seu casamento, que foi basicamente uma versão mais longa dos seus outros encontros amorosos. Todos foram marcados pelo que chamo de "dinâmica da atração-rejeição" (*push-pull dynamics* em inglês): assim que ela começava a se sentir próxima do homem com quem estava saindo, ele se afastava, e ela corria atrás querendo a atenção dele. Então, quando ele acabava se reaproximando emocionalmente dela e lhe dava atenção, eles invertiam os papéis: era Jade quem fugia da proximidade e seu parceiro corria atrás da atenção dela. A dinâmica da "atração-rejeição" é uma espécie de tango entre duas pessoas imaturas em suas relações amorosas e inconscientes de seus padrões, que, ao mesmo tempo em que ensaiam ter intimidade, acabam se distanciando, ao invés de construírem uma ponte para ligar um ao outro.

Quando Jade me procurou, estava divorciada havia quatro anos, e seu histórico de relacionamentos desde então era bastante desanimador. Ela continuava correndo atrás de homens indiferentes e indisponíveis porque acreditava que precisava fazer por merecer o amor deles. Na verdade, se não tivesse que se esforçar para manter aparência e atitude perfeitas ou sendo o suporte financeiro de um homem, ela achava que tinha algo de errado com *ele* e terminava o relacionamento depois de três meses. Ao mesmo tempo, ela corria atrás daqueles que não lhe davam a mínima e rejeitava os que demonstravam se importar. Jade era o exemplo perfeito de como nós, quando não nos amamos o suficiente para reconhecer que merecemos ser amados, sabotamos nossas chances de viver um amor saudável.

Por causa de seus anos de terapia, Jade entendia que ter uma mãe que tinha sido uma atriz e modelo de sucesso — uma mãe que precisara se preocupar demais com a própria aparência — havia tornado difícil para ela se valorizar para além da aparência. Suas lembranças favoritas da infância com a mãe eram nos balcões de maquiagem das lojas aprendendo a fazer o contorno das bochechas com blush e a criar a ilusão de lábios maiores usando o gloss certo. Para Jade, era mais importante ouvir sua mãe dizer "Esse batom fica lindo em você" do que ser parabenizada pelo trabalho que fizera para a escola. O que ela ainda não tinha se dado conta era que, como sua mãe tinha tido dificuldade de se sentir merecedora em função das exigências impossíveis de sua carreira, ela também teve dificuldade de manter um relacionamento amoroso duradouro com um homem bom. Ainda que tenha sido um belo exemplo de como correr atrás dos sonhos de ser bem-sucedida, a mãe sem querer ensinara Jade a supervalorizar a aparência e a subvalorizar quem era e o que tinha a oferecer em um relacionamento. Mesmo consciente de que sua criação tinha impactado sua autoestima, Jade não conseguia compreender completamente a correlação entre sua falta de amor-próprio e suas relações amorosas. Ela também não sabia como romper esse ciclo.

— Jade, eu gostaria de que você tentasse fazer algumas coisas para aumentar a sua autoestima — eu disse a ela, observando-a cuidadosamente para ver como reagiria a minha sugestão.

— Está bem... Tipo o quê? — perguntou, desconfiada

— Depois da nossa sessão, eu gostaria que você lavasse o rosto, tirasse toda a maquiagem e usasse apenas um pouco de rímel e um gloss de cor clara (eu precisava fazer *algumas concessões*). Em seguida, quero que vista camiseta, calça jeans e tênis e volte ao supermercado. Não importa se você vai comprar alguma coisa ou não. Você tem camiseta, calça jeans e tênis, não tem?

— Nossa, é claro! Eu gostaria de poder usar isso todo dia.

Aproveitei o entusiasmo dela:

— Ótimo, porque durante duas semanas isso é tudo que você vai vestir, a não ser quando estiver fazendo ioga. (Durante nosso primeiro contato, Jade tinha dito que amava ioga, mas, por estar se sentindo "preguiçosa ultimamente", não frequentava as aulas havia semanas.) Quando você for para sua aula de ioga, quatro vezes durante esta semana e na próxima, não vai usar nenhuma maquiagem e vai fazer um rabo de cavalo.

Seus olhos se arregalaram e ela escondeu o rosto nas mãos, rindo de nervoso:

— Ai, Jillian, isso vai ser difícil! E se eu encontrar alguém que conheço, e se eu conhecer um homem atraente?

— Eu espero que isso aconteça. Porque, daqui pra frente, qualquer homem que você pensar em namorar precisa *ver você*.

Quarenta e cinco minutos depois do fim da nossa sessão, Jade me enviou uma foto vestindo camiseta, calça jeans e tênis. Seu rosto limpo, natural e cheio de sardas estava radiante com apenas um toque de rímel e gloss.

— Bravo! — respondi para ela.

Nós aprendemos a nos amar por meio de nossas ações

No universo dos *coaches*, uma diretriz é um conselho dado na forma de uma instrução para que o cliente aja. Durante nossa sessão, dei a Jade três diretrizes: ir ao supermercado vestindo apenas camiseta, jeans e tênis e usando uma quantidade mínima de maquiagem; continuar a usar aquele uniforme por duas semanas; e frequentar a aula de ioga quatro vezes por semana sem maquiagem. Um passo essencial na direção do amor-próprio é sermos fiéis a nós mesmos em vez de nos exaurir fingindo ser quem não somos. Jade tinha passado sua vida adulta se escondendo atrás da máscara da maquiagem pesada, cílios postiços e batons vibrantes. Mesmo sendo uma mulher que, no fundo, gostava de usar camiseta e calça jeans, toda manhã ela se vestia como se estivesse saindo para uma festa. Ao remover a armadura que cobria o seu eu natural, Jade iria aos poucos treinar para ficar mais confortável sem isso.

Para nossa próxima sessão por vídeo, Jade apareceu de cara limpa, vestindo uma camiseta surrada. Foi como se eu a estivesse encontrando pela primeira vez.

— Conheci uma pessoa — ela disse, com um enorme sorriso no rosto.

Ai não, pensei. *Duas míseras semanas e ela já conheceu alguém? Precisamos de mais tempo. Ela não está pronta.* Minha mente se tornou um completo campo de batalha de preocupações.

— Nossa, já? — perguntei, mal conseguindo esconder minha decepção.

— Já! Na internet. Eu não estava nem procurando, eu juro. Ele entrou em contato, achei ele bonitinho, então concordei em fazer uma chamada de vídeo. Conversamos por três horas. O que eu faço agora, Jillian?

Uma das perguntas que mais me fazem como *coach* de relacionamentos é "Como parar de atrair parceiros que não estão disponíveis?". Eu sempre respondo: "Parando de escolhê-los".

O paradoxo é que, quando você aprende a se amar, passa a escolher parceiros disponíveis emocionalmente; mas também é verdade que, quando decide rejeitar pessoas que não estão disponíveis e se aventurar pelo desconhecido, escolhendo alguém que *está* disponível, você aprende a se amar. A verdade é que um dos maiores atos de amor-próprio é deixar de correr atrás da atenção de alguém que não está disponível emocionalmente.

— Bem, a primeira coisa a fazer é ir devagar, Jade. Ele é um estranho que precisa passar no teste para o papel de seu namorado, e... — Jade logo me interrompeu:

— Esqueci de contar que nós conversamos por vídeo e eu apareci sem maquiagem; não estava usando nem rímel, meu cabelo estava bagunçado e preso! Ah! Eu estava de óculos também, com um moletom velho que costumo usar para lavar roupa! — ela riu satisfeita.

Eu precisava admitir que estava bastante orgulhosa.

— Espera — ela disse, parecendo preocupada —, isso quer dizer que não posso me arrumar para sair com ele para jantar?

— Claro que pode, Jade. O exercício não era para você parar de usar maquiagem e de se arrumar. Eu só não quero que você ache que precisa fazer isso para se sentir confortável no seu corpo. Quero que você se sinta bonita toda produzida e também só de moletom — eu a tranquilizei.

— Então está tudo bem, faz sentido.

— Que bom. O que você vai usar quando vocês saírem para jantar?

— Pensei em usar camiseta, jeans e sapatos de salto alto.

Qual é o real significado de amar a si mesmo?

Como expliquei na Verdade 1, é próprio do ser humano ter dificuldade de reconhecer nosso valor. Não há uma única pessoa que já não tenha passado por situações em que se sentiu insuficiente. Você não precisa amar cada aspecto seu para ter amor-próprio. Na verdade, provavelmente existem coisas que você não gosta em si mesmo e que gostaria de mudar. Bem-vindo ao clube. Nenhum de nós é perfeito; todos temos maus hábitos e aspectos do nosso caráter que precisamos nos esforçar para melhorar. No entanto, será que você é capaz de se aceitar apesar de seus defeitos? Você dá conta de conviver com sua ambivalência em relação a si mesmo, sem transformá-la em ódio? Consegue se comprometer a tentar ser a melhor versão de si mesmo enquanto lida com o fato de que algumas coisas podem não mudar? É este o objetivo: aprendermos a deixar de ser tão duros conosco, ao mesmo tempo que nos desafiamos a crescer e a nos tornar pessoas e parceiros melhores.

Pense em alguém que você ama mas não de um jeito romântico. Pode ser um filho, um irmão, seu pai ou seu melhor amigo. O que esse amor significa para você? Quando penso na minha própria concepção de amor depois de vinte anos ajudando pessoas, vejo que tem a ver com valorizar alguém por ser quem é, incluindo todas as suas nuances e apesar de suas confusões (contanto que essas confusões não sejam disfuncionais, nem prejudiciais para você e o relacionamento). Amar essa pessoa é honrar tudo que ela já superou, reconhecer seus pontos fortes, aceitar suas fraquezas, se preocupar com seu bem-estar e querer o melhor para ela. Também significa que podemos ficar com raiva dela às vezes, mas vamos perdoá-la e continuaremos a amá-la. Também significa que, quando ela passar por dificuldades, estaremos lá para apoiá-la. Significa que, quando ela estiver sofrendo, escutaremos.

Assim, amar a si mesmo significa se valorizar por ser quem é, por tudo que você já viveu até aqui. Significa honrar seus pontos fortes e aceitar suas fraquezas; que você se importa com seu bem-estar e deseja o melhor para si mesmo. Significa que, quando erra e sente vergonha, você se perdoa, e que às vezes você precisará estabelecer limites para si mesmo que serão para o seu próprio bem. Significa que, quando sofre, você se escuta.

Como podemos realmente nos amar e cultivar nosso amor-próprio

A parte mais difícil de nos amar é aprender a aceitar nossos defeitos, ao mesmo tempo que reconhecemos que todos temos aspectos que precisamos aperfeiçoar para nos tornarmos pessoas melhores. É lutar contra a tensão que existe entre a completa autoaceitação e a motivação para crescer e evoluir. Primeiro e acima de tudo, *realmente* precisamos aceitar o lugar em que estamos na vida, mesmo que não seja onde queremos. Podemos dizer para nós mesmos: *Embora eu quisesse que as coisas fossem diferentes, aceito que elas não são, e vou continuar fazendo o meu melhor para tentar chegar lá.*

Enfim, para amar a si mesmo, você precisa enxergar seu valor apesar dos seus defeitos.

Mas como podemos fazer isso?

Escale a bendita montanha

Precisamos nos desafiar para poder cultivar nossa autoestima e enxergar nosso valor.

Todo mundo precisa de estabilidade na vida. Sentir essa estabilidade nos dá a certeza de que estamos seguros e que temos pelo menos algum controle sobre nossa vida. A maioria das pessoas vive uma vida bastante segura, sem nunca se desafiar a tentar fazer coisas novas e a crescer. A maioria de nós se vicia facilmente na rotina. E alguns de nós, por termos passado por vários momentos de instabilidade, nos apegamos à necessidade de nos controlar e de controlar nossos horários e ambientes. Porém, a verdade é que precisamos nos aventurar para podermos nos sentir vivos, e precisamos sentir que estamos evoluindo para não nos sentirmos estagnados. Na realidade, sentir-se estagnado é provavelmente a queixa mais comum que escuto de pessoas que estão infelizes, e a única solução é romper com o que é familiar e abraçar o desconhecido.

Assim — quer sua montanha seja seu relacionamento, uma conversa necessária, uma viagem para um país estrangeiro, correr atrás de um sonho que você deixou de lado, finalmente arrumar seu guarda-roupa, começar aquele projeto que você vem procrastinando, voltar a namorar depois do divórcio, escrever aquele livro, pedir desculpas para alguém que magoou ou fazer uma transição de carreira —, se você quer cultivar sua autoestima, precisa escalar essa montanha.

As pessoas costumam pensar: *Quando eu me amar, vou estar pronto e ter confiança para escalar a montanha da minha vida*. Mas a verdade é que não deixamos para subir a montanha quando nos amarmos; nós *aprendemos* a nos amar enquanto corajosamente subimos a montanha, mesmo quando não nos sentimos necessariamente preparados para isso.

Toda vez que nos desafiamos a falar quando sempre optamos por ficar calados para manter a paz; toda vez que saímos de um relacionamento quando nosso padrão é ficar por tempo demais; toda vez que nos comprometemos com um relacionamento quando nosso padrão é dar as costas rápido demais; toda vez que viajamos, quando tudo o que conhecemos é nossa cidade natal; toda vez que nos arriscamos, demonstrando vulnerabilidade diante do desconhecido, estamos cultivando nossa autoestima. Quando corajosamente enfrentamos nosso medo do desconhecido, dizemos "sim" para o crescimento. E nesse momento vamos além de onde nos julgávamos capazes de ir. Nos sentimos heroicos.

Seja você mesmo

É difícil nos amarmos quando não estamos sendo nós mesmos.

As redes sociais nos dizem para sermos autênticos mas não nos dizem como fazer isso. Jade acreditava que precisava ter uma determinada aparência e se vestir de um jeito específico para ser boa o suficiente. Condicionada pela mãe, Jade acreditava que precisava aparentar ser "perfeita" para ser aceita pela sociedade e amada pelos homens, embora seu eu verdadeiro fosse mais casual e descontraído. Para Jade, ser autêntica significava usar pouca maquiagem e roupas confortáveis. Quanto mais ela se permitia ser quem era, mais conseguia valorizar a si mesma.

A maioria das pessoas vive sua vida com base no que é esperado delas pela sociedade, pela cultura e pela família. Consequentemente, elas se sentem desconectadas de si mesmas.

Ser professora de ioga não foi o que era esperado de mim. Nasci em uma família de imigrantes, e a expectativa era que eu vivesse o sonho americano: fizesse faculdade, conseguisse um emprego corporativo e me casasse. Entrei em uma universidade bastante conceituada, na qual estava cercada de garotas que comiam bolo de chocolate e depois vomitavam para poderem ser aceitas em sororidades, de membros de fraternidade que se tornaram alcoolistas e de professores que davam em cima de mim e de minhas amigas. Quando terminei a graduação, estava vivendo uma pequena crise: ninguém tinha me contado que não tinha problema em não saber quem eu queria ser aos 21 anos.

Então, fiz o que era esperado de mim: consegui um emprego em uma grande emissora de televisão com benefícios incríveis e opções de investimento. Lá, fui assediada moralmente por um produtor e sexualmente por outro. Tive um caso com um dos apresentadores. Passava meus fins de semana na balada e odiando segundas-feiras. Fui demitida porque faltei diversas vezes alegando estar doente, mas disse para minha mãe que tinha sido porque a empresa estava fazendo um grande corte de funcionários.

Aos 27 anos, estava tão perdida e desconectada de mim mesma que na maioria dos dias me sentia deprimida e ansiosa. Sou grata pelo desejo de meus pais de que eu tivesse uma carreira de verdade, com um ótimo salário e um plano de saúde, uma vez que ter estabilidade no emprego, além de muito importante, é essencial para que possamos ter uma vida menos estressante; mas eu não me sentia emocionalmente conectada a uma trajetória de carreira convencional. Na verdade, era algo que parecia ir perigosamente contra quem eu era. Assim, assumi um enorme risco e pedi demissão para poder correr atrás do meu sonho de me tornar professora de ioga.

Enquanto crescia, eu não fazia ideia de que ser professora seria uma expressão autêntica de quem sou. Mas quando olho para trás consigo ver as pistas. Sempre amei me sentir conectada e em comunidade. Nas colônias de férias, sempre era escolhida para ser capitã dos times nas competições esportivas. Já na fase adulta, era a pessoa a quem todos os amigos procuravam quando queriam se aconselhar. Sempre gostei de ajudar as pessoas a atingirem seu potencial. Quando trabalhei no mundo corporativo, depois da graduação, a sensação era de estar morrendo lentamente. Mais tarde percebi que realmente odiava ter um chefe — nunca fui boa com figuras de autoridade e sempre preferi estar em uma posição de liderança.

A maioria de nós vive a vida com base no modelo do "deveria": Eu *deveria* estar fazendo isso, eu *não deveria* estar fazendo aquilo. Temos tantas regras sobre como nós e os outros deveriam viver que facilmente nos afastamos daquilo para que realmente estamos destinados. Se você está tendo dificuldades para descobrir como ser fiel a si mesmo, faça uma lista de todas as coisas pelas quais se interessou desde a infância. Pense nos momentos em que se sentiu mais em paz e inspirado. Em que você era naturalmente bom? O que despertou em você um profundo sentimento de realização? A que você se sente mais emocionalmente conectado? Sempre existem pistas.

Para que possamos nos expressar com mais autenticidade, precisamos identificar aquilo com que nos sentimos mais emocionalmente conectados. A partir disso, podemos explorar o que mais nos faz sentir em casa dentro de nós, de hobbies a estilo pessoal, interesses, amizades e o tipo de trabalho que queremos fazer, seja remunerado ou não.

Pare de falar consigo mesmo como se você se odiasse

A maioria das pessoas costuma ser bem dura consigo mesma. Como aprendemos na Verdade 2, nossa mente pode facilmente se tornar um campo de batalha entre histórias autolimitantes e julgamentos que nos fazem afundar na autorrejeição. Precisamos praticar um diálogo interno mais compassivo e encorajador, para que possamos nos amar mais. Para praticar maneiras de conduzir esse diálogo interno com mais compaixão, necessitamos estar cientes dos momentos em que somos críticos conosco. Mudar nosso diálogo interior é um exercício de atenção plena; é nos treinar para começar a identificar os momentos em que nos chamamos de idiotas em pensamentos e então, conscientemente decidir nos interromper no meio desses pensamentos. Em vez de pensar desse jeito, você pode dizer *Não, não vou falar assim de mim*; e em seguida ir para o próximo pensamento. Essa prática exige diligência e comprometimento; mas, como eu disse anteriormente, amar a nós mesmos exige que tomemos uma atitude.

Ter mais cuidado quando falamos conosco também implica questionar as histórias que nos contamos sobre nós mesmos; histórias que começam com frases como "Eu nunca seria capaz de fazer isso", "Eu sempre faço besteira", "Não consigo ter um relacionamento saudável", "Talvez eu não mereça ser amado", "Sou um artista frustrado", "Estou velho demais". A maior batalha que enfrentamos é aquela contra nós mesmos, sobretudo contra as histórias que nos contamos sobre por que não merecemos ser amados ou por que não subimos aquela montanha. Essas histórias nos mantêm estagnados, rancorosos e solitários. Essas histórias perpetuam nossa baixa autoestima e precisam ser questionadas diariamente.

A autora Byron Katie criou "A Missão", uma estratégia extremamente útil para romper com o padrão de diálogo interior negativo. Quando estivermos presos em um pensamento negativo, ela ensina a fazer a nós mesmos estas quatro perguntas:

1. Isso é verdade?

2. Você tem certeza absoluta de que é verdade?

3. Como você reage e o que acontece quando acredita nesse pensamento?

4. Quem você seria (e eu acrescentaria: como você se sentiria) se não pensasse assim?

A verdade é que devemos questionar nossos pensamentos limitantes, autocríticos, depressivos e de culpa se quisermos nos libertar da prisão mental que é a autorrejeição.

Supra suas necessidades essenciais

A "hierarquia de necessidades" é um conceito que foi analisado pela primeira vez pelo psicólogo Abraham Maslow, e que teve grande influência nos trabalhos sobre terapia familiar estratégica da psicóloga Cloé Madanes e de Tony Robbins, ambos reconhecidos mundialmente. Juntos, eles criaram a psicologia das necessidades humanas.

A psicologia das necessidades humanas se baseia na teoria de que cada pessoa no planeta tem seis necessidades que precisam ser supridas. Integrei essas necessidades a minha vida pessoal e profissional e, com base nas minhas experiências e entendimento, me refiro a elas como nossas necessidades básicas:

A necessidade de se sentir seguro (que inclui a necessidade de se sentir no controle)

A necessidade de se aventurar (que inclui a necessidade de mudança)

A necessidade de se sentir validado (que inclui a necessidade de se sentir importante)

A necessidade de se sentir amado (que inclui a necessidade de se sentir conectado)

A necessidade de crescer (que inclui a necessidade de se sentir desafiado)

A necessidade de retribuir (que inclui a necessidade de ter um propósito)

Ainda que todos nós tenhamos essas necessidades, a maneira como as suprimos e o que cada uma delas significa para nós varia de pessoa para pessoa. Por exemplo, para uma pessoa, aventurar-se pode ser viajar sozinho para um país estrangeiro, enquanto para outra pode ser fazer um trajeto diferente para o trabalho. Sentir-se seguro para uma pessoa pode significar ter um milhão no banco, enquanto para outra pessoa pode ser ter dez mil no banco. Durante minha experiência como *coach* de relacionamento, aprendi que se sentir visto e compreendido em um relacionamento é o mesmo que se sentir seguro e amado naquela relação. Algumas pessoas precisam ouvir todo dia que são amadas para que possam se sentir conectadas a seus parceiros, enquanto outras precisam receber demonstrações de amor para que possam se sentir amadas. Algumas pessoas se sentem mais validadas quando são bem-sucedidas na carreira, outras se sentem mais importantes quando são capazes de cuidar de seus filhos. Se não sentirmos que estamos crescendo, nos sentimos estagnados. O crescimento acontece quando escalamos a montanha, mas todo mundo precisa escalar uma montanha diferente. Ademais, todo mundo — quer estejamos cientes disso ou não — precisa de um propósito. Encontramos propósito quando sentimos que podemos fazer a diferença de alguma forma. Para algumas pessoas, isso significa cuidar dos filhos, enquanto para outras é se voluntariar. Quando aprendemos a suprir nossas próprias necessidades de maneira mais completa e consistente, ensinamos a nós mesmos como nos proteger ao longo da vida, e também que não precisamos depender demais do outro para nos dar o que somos capazes de dar a nós mesmos.

Tornando-se o parceiro certo

Não vamos acordar um dia de repente nos amando. É um processo, e grande parte desse processo envolve tomar decisões voltadas para o que é melhor para nós; decisões que contribuam para nossa saúde mental e nos desafiem a crescer. Jade, com minha ajuda, tomou a decisão de parar de correr atrás da atenção de homens indisponíveis; em vez disso, ela se mostrou disponível para um homem com quem poderia ser quem era e com quem sentia uma conexão emocional genuína. O que ela não esperava, no entanto, era que estar em um relacionamento saudável significava que ela teria que agir como a parceira certa, e não simplesmente esperar que o outro a amasse plenamente.

É impossível nos aceitarmos por inteiro quando não estabelecemos um padrão para nós, que inclua a maneira como podemos nos amar e amparar os outros. Apenas focar nossas próprias necessidades, expectativas e medos em nossos relacionamentos não só nos torna egoístas e reativos como nos faz sabotar essas relações. Por outro lado, quando nos concentramos em amar bem as pessoas em nossas vidas com quem nos preocupamos, inevitavelmente nos sentimos melhor quanto a nós mesmos. É bom ser um bom amigo. É bom ser um bom parceiro.

Após dois meses se relacionando com Brian, Jade começou a ter algumas dúvidas.

— Não sei não, Jillian. Você não acha estranho ele gostar tanto assim de mim? Quero dizer, eu literalmente passo pomada de espinha na frente dele. Com todos os outros homens com quem me relacionei, eu tentava parecer descolada perto deles; e com Brian é como se eu não desse a mínima. Será que eu não gosto tanto dele como deveria?

Dava para ver o pânico em seus olhos pela tela do computador.

— Às vezes percebo que fico irritada quando ele quer passar tempo comigo. Mas quando ele está ocupado fico ansiosa, pensando que ele não gosta tanto assim de mim, e começo a me sentir carente. Acho que estou começando a confundi-lo, porque ele me disse que estava começando a se sentir inseguro e estressado. Ai, nossa!

Ela massageava as têmporas com força, frustrada.

É claro que ele está confuso, pensei comigo mesma. Quem dera todas as mulheres que reclamam de homens que são indisponíveis emocionalmente e que fazem joguinhos soubessem a frequência com que as mulheres fazem essas mesmas coisas também.

Ao contrário de Jade, eu já esperava que ela começasse a duvidar do relacionamento, portanto estava bem preparada para ajudá-la a passar por isso. Jade tinha tanto medo de intimidade quanto os homens com quem se relacionara. Eu sabia que, assim que alguém realmente disponível entrasse na vida dela e quisesse amá-la, ela resistiria. Jade ficava apavorada com a possibilidade de não ser atraente ou inteligente o bastante para que um homem pudesse amá-la de verdade, e temia que qualquer homem que conseguisse se aproximar dela acabasse por abandoná-la. Jade, como muitos de nós, tinha medo de ser abandonada, e seu padrão era por um lado correr atrás homens indisponíveis e, por outro, inventar desculpas para não se comprometer com aqueles que se mostravam disponíveis. Ambos os padrões a mantinham a salvo do risco de sofrer uma desilusão amorosa, que se torna uma possibilidade quando abrimos nosso coração para alguém e permitimos que ele nos veja de verdade.

É exatamente por isso que o amor-próprio é essencial. Quando não enxergamos nosso valor, corremos o risco de gritar *Me ame! Me ame!* para pessoas que nunca vão nos amar, mas, assim que alguém *realmente* nos quiser, seremos nós que nos tornaremos indisponíveis. Pensaremos: *O que tem de errado com* essa pessoa *para querer ficar* comigo?

Os medos de Jade ameaçavam prejudicar seu relacionamento. Ela tinha ficado tão focada em julgar Brian por se apaixonar por ela que não percebeu que estava ameaçando a única coisa pela qual desesperadamente ansiava: amor. E não apenas isso; Jade nunca precisou assumir a responsabilidade de ser uma boa parceira em seus relacionamentos anteriores.

Respirei fundo.

— Você finalmente conheceu um homem com quem é bastante compatível, o sexo é ótimo, e ele tem estabilidade emocional e financeira. Você tem sido corajosa, e mostrou para ele quem é de verdade, não uma versão falsa de si mesma, desesperada por validação. Não tem nada de errado com ele por ter se apaixonado por você; na verdade, como ele poderia não se apaixonar? Mas, se você continuar fazendo esse joguinho no qual se afasta e o julga, quando tudo o que ele quer fazer é amá-la, ele vai acabar se cansando e te deixando. Depois você vai contar a si mesma as mesmas mentiras que conta há anos: que os homens nunca ficam com você, e que não te amam por quem você realmente é. Eu sei que você está com medo, Jade, e entendo, de verdade. Só que você não está sendo muito legal com Brian e ele não merece isso. Olha, não sabemos se esse homem é seu futuro marido, mas, até aqui, essa é a conexão amorosa mais saudável que você já teve; por isso, vamos trabalhar sua ansiedade para que você não só consiga aceitar o amor dele mas também possa ser mais amorosa com ele.

— Caramba!

Era a resposta que eu esperava.

Um ano depois daquela conversa, Jade e Brian ficaram noivos. A seguir, apresento como a ajudei a superar seus medos, que, do contrário, teriam sabotado seu relacionamento:

1. Sempre que Jade duvidava do que Brian sentia por ela, sua mente se tornava um campo de batalha de preocupação e julgamentos. Quando ela se conscientizou de que isso era

um padrão antigo, a coisa mais importante era fazê-la voltar para o presente, para que pudesse acalmar sua ansiedade. Eu a instruí a interromper seus pensamentos, respirar fundo algumas vezes e sair para dar uma volta de carro, ouvindo suas músicas favoritas. (Ela achava que dirigir era relaxante.) Também pedi que ela me enviasse uma mensagem dizendo: "A história que estou contando para mim mesma é...". Quando ela lesse a história que contava para si mesma, imediatamente se daria contava que estava presa em um campo de batalha, e conseguiria voltar a trazer seu foco de volta para o presente.

2. É comum que pessoas com problemas de autoestima se percam quando estão em um relacionamento, porque estão acostumadas a ignorar suas próprias necessidades e a focar demais as necessidades de seus parceiros. Por isso, era essencial que ela frequentasse suas aulas de ioga, pelo menos quatro vezes na semana, sozinha ou com uma amiga, durante o relacionamento. Ela precisava continuar a suprir as próprias necessidades, sem esperar que Brian suprisse todas elas por ela. Além da aula de ioga, pedi que ela se encontrasse com as amigas mais próximas pelo menos uma noite por semana, sem Brian.

3. Jade era inexperiente no aspecto relacional de sua vida amorosa. Até mesmo seu casamento tinha sido um relacionamento tóxico, com quase nenhuma comunicação. Ensinei Jade a comunicar suas necessidades e medos com mais vulnerabilidade, honestidade e compaixão, em vez de guardar tudo e ficar presa em seus pensamentos. O mais importante era que ela aprendesse a ouvir Brian. Por não ter tido experiências de parcerias saudáveis, e também por causa dos problemas de baixa autoestima e ansiedade, Jade entrava em modo

sobrevivência toda vez que se sentia insegura, ou quando ela e Brian discordavam. Quando isso acontecia, ela ficava obcecada com suas necessidades e com o fato de que precisavam ser supridas. Essa fixação em si mesma não só fazia Brian se sentir ignorado como a tornavam egoísta.

Sempre que focamos apenas nós mesmos e nossas necessidades durante um relacionamento, nos tornamos egoístas, e o egoísmo destrói os vínculos. Para nos amarmos por inteiro, precisamos agir em nossos relacionamentos de um jeito que nos deixe orgulhosos. Precisamos ser os parceiros certos. Isso não quer dizer que não vamos cometer erros — nós vamos. Mas, quando isso acontecer, vamos assumir a responsabilidade e fazer diferente.

PRATICANDO ESSA VERDADE

Valorize tudo aquilo que você já superou e se desafie também. Por mais difícil que seja honrar isso em si mesmo, liste cada montanha que já subiu na vida, desde a infância. Lembre-se, montanha é qualquer coisa que já o desafiou. Considere todas as coisas, pequenas, médias e grandes, que você precisou superar, bem como suas conquistas: situações como desilusões amorosas, conquistas específicas, medos superados, uma infância difícil, conseguir uma vaga em determinados cursos, concluir a escola ou treinamentos, precisar lidar com pessoas difíceis ou abusivas, mudanças de carreira, confusões no trabalho, suas doenças, doenças na família, problemas financeiros, decisões, direções e caminhos escolhidos.

Eu superei _____.

Eu sobrevivi _____.

Sou resiliente porque _____.

Eu enfrentei _____.

Eu segui vivendo apesar de _____.

Sou forte porque _____.

Sou poderoso porque _____.

Pergunte-se:

1. Quais são as montanhas em sua vida que você tem relutado em subir?

2. Você diz para si mesmo que está velho demais para fazer o que gostaria de fazer?

3. O quanto se apega ao que lhe é familiar e evita o que é desconhecido?

4. Como se sente quando chega no topo da montanha — com relação a ter se arriscado?

5. Do que precisa mental e emocionalmente para superar ou vencer as tarefas e circunstâncias mais difíceis da vida?

6. De que maneira tudo isso moldou quem você é hoje?

7. Quais são as três coisas que você pode começar a fazer hoje para começar a subir a montanha e promover a mudança em sua vida?

Viva a vida nos seus próprios termos

Pergunte-se:

1. Qual a diferença entre o que eu acredito que *deveria* estar fazendo diferente em minha vida e como eu realmente gostaria de viver minha vida?

2. O que amo fazer?

3. O que dá significado e propósito para minha vida?

4. O que me faz sentir em paz?

5. Se eu não estivesse tentando agradar meus pais ou a sociedade, o que faria de diferente na minha vida?

Interrompa seus pensamentos

Durante duas semanas, pratique identificar os momentos em que você se xinga em pensamento. Interrompa esses pensamentos. Você pode dizer para si mesmo: *Não. Não vou falar assim comigo.* Ou você pode simplesmente substituir o pensamento por algo que diria para uma criança. Você vai perceber que esse novo pensamento o tranquilizará e encorajará; e, com o tempo, ser gentil consigo mesmo se tornará um hábito.

Como melhor suprir suas necessidades

Faça uma lista para si com estas seis necessidades básicas:

Segurança/controle

Aventura/mudança

Validação/sentir-se importante

Amor/conexão

Crescimento/desafio

Retribuir/propósito

Em seguida, pergunte-se:

1. Quais necessidades minhas estou suprindo atualmente?

2. Quais necessidades preciso focar para suprir mais minhas necessidades e me sentir completo e equilibrado?

3. Para cada necessidade sua que não esteja sendo totalmente suprida, liste três novas coisas que você pode tentar fazer para supri-las de forma integral e regular.

Muitas pessoas que fazem esse exercício se dão conta de que estavam focando demais na sensação de segurança e validação, e menos em suas outras necessidades. Todas as necessidades são importantes; mas, como mencionei anteriormente, apenas viver uma vida segura nunca nos satisfará por completo. Eis uma importante verdade: pessoas que priorizam a conexão, a aventura, o crescimento e a retribuição se sentem melhor com relação a si mesmas e suas vidas. Organize suas necessidades em ordem hierárquica, com base naquilo que sabe ser o melhor para você. Por exemplo, experimente colocar "retribuir" como sua necessidade principal e veja como isso impacta sua vida.

Faça-se presente

Pergunte-se:

1. Como posso demonstrar mais apoio ao meu parceiro e entes queridos?

2. Será que posso escutar com mais paciência?

3. Será que posso suprir as necessidades dos meus entes queridos com mais frequência?

4. Será que posso ser mais presente para as pessoas que amo?

Às vezes penso no que diria para a jovem Jillian que estava com David, sabendo o que sei hoje. Eu a lembraria todos os dias do quanto ela merece ser respeitada e precisa se respeitar também. Eu a abraçaria; a faria despertar de seu transe e lhe diria para ser uma guerreira com relação aos seus limites pessoais. Teria dito a ela para ser corajosa; para focar em si mesma e em seus sonhos e não largar tudo por um relacionamento — muito menos um relacionamento com uma pessoa do mal. Também teria dito que o que ela tinha com David não era amor.

Eu teria dito a ela para nunca ignorar aquela voz interior que nos diz que há algo de estranho em uma situação ou pessoa. Teria dito que ela precisaria usar toda a força que tinha para ir embora, mas que a montanha diante dela era a montanha que ela precisava escalar até o topo. Além disso, se pudesse, teria segurado a mão dela durante toda a subida.

Quando penso naquele relacionamento com David hoje em dia, não é como se quisesse passar por tudo aquilo de novo, mas entendo o profundo propósito daquela relação em minha vida. Sei que não teria a sabedoria que tenho hoje, nem a capacidade de ajudar tantas pessoas a se amar, se não tivesse tido aquela experiência.

VERDADE 5

Você precisa falar e dizer a verdade

Quando completamos sete meses de relacionamento, meu ex-marido e eu tivemos uma experiência teatral imersiva, chamada *Sleep No More* [Dormir, nunca mais; em tradução livre]. Nunca vou esquecer do quanto ele ficou distante naquela noite. No táxi, na volta para casa, ele ficou calado.

— Está tudo bem? — perguntei algumas vezes.

— Sim — ele respondia, ficando cada vez mais irritado toda vez que eu perguntava. Mas eu sabia que não estava tudo bem. As coisas estavam estranhas: ele parecia totalmente decepcionado comigo, e eu não fazia ideia do que tinha feito para ele ficar assim. *Tudo estava ótimo ontem*, pensei comigo mesma. *O que será que aconteceu?* Eu estava confusa e me sentindo bastante desconfortável. Era uma sensação familiar — uma sensação que experimentei durante toda a minha infância e adolescência perto do meu pai. Por isso, fiz o que aprendi a fazer: não falar nada e sofrer em silêncio com a ansiedade.

Aquela noite acabou sendo uma das mais estranhas da minha vida.

Eu ia muito pra balada na adolescência e início da vida adulta; frequentava boates onde as únicas mulheres de vestido e salto alto era as drag queens. Homens de terno e gravata nem sabiam que essas boates existiam. Nós usávamos um uniforme diferente: tênis, roupas largas e uma atitude de *não estou nem aí para a aparência das pessoas*.

Coincidentemente, o *Sleep No More* acontecia no mesmo lugar onde eu havia passado todos os fins de semana dos meus vinte e poucos anos. Quando chegamos, senti uma onda de nostalgia. Fui levada de volta para uma época em que me sentia louca e livre; para a versão de mim que amava música alta, globo de luz e multidões. Eu dançava cinco horas seguidas. Estava empolgada de poder voltar ali com o homem que amava para ter uma noite divertida.

Não passou nem perto de uma noite divertida.

No *Sleep No More*, eles nos separavam da pessoa que nos acompanhava, nos colocavam dentro de um elevador esquisito, davam para todo mundo a mesma máscara para colocar (lembra do filme *Pânico*?) e, quando a porta do elevador se abria, dávamos de cara com um mar de pessoas anônimas. Protegidos atrás de nossas máscaras, tínhamos permissão para seguir nossos instintos voyeurístico, enquanto parávamos e assistíamos a vinhetas de performances de arte peculiares e eróticas, levemente baseadas na peça *Macbeth*, de Shakespeare, e no filme de Hitchcock *Rebecca*.

Durante as duas horas seguintes, vi meu ex algumas vezes. Toda vez que o via, minha vontade era de abraçá-lo, rir um pouco com ele e comentar sobre o que tínhamos visto até o momento. Eu queria segurar mão dele para que pudéssemos terminar aquela experiência juntos. Mas não senti nenhuma abertura da parte dele para que ficássemos juntos. Em vez disso, vi seu olhar por trás da máscara cruzar com o meu e ele simplesmente seguir andando. Fiquei arrasada.

Pensei que ele poderia estar me testando para ver se eu era capaz de ser uma garota descolada e aproveitar a noite sozinha, sem ele. Procurei por respostas em minha cabeça. *Será que estou sendo muito carente? Será que ele precisa de espaço? Como é possível hoje ele estar distante se ontem estava grudado em mim?* Continuei ruminando sobre o que poderia ter feito para que ele mudasse de opinião sobre mim. Depois da segunda vez que ele passou por mim e me ignorou, entrei em pânico. Decidi provar para ele que era exatamente quem eu acreditava que ele queria: o tipo de mulher independente, que não dá a mínima se seu namorado a ignora durante um encontro. Meu ego me venceu, e eu não estava disposta a permitir que ele visse meu medo e decepção. Eu iria me comportar exatamente como acreditava que ele queria que eu me comportasse, para provar que continuava sendo 100% merecedora do pedestal no qual ele tinha me colocado.

A máscara que eu usava se tornou mais do que uma novidade estranha; ela se tornou a máscara que cobria meus verdadeiros sentimentos. Sentimentos nos quais eu tinha muito medo de confiar: sentimentos de abandono, ansiedade e preocupação. Tentei me convencer a não me sentir assim: *Talvez ele esteja certo e eu devesse viver essa experiência sozinha*, pensei comigo mesma. *Eu adoro ficar sozinha, droga.* Era sinal de carência querer que as coisas estivessem bem entre nós antes de poder realmente me divertir? Era sinal de carência querer aproveitar um pouco daquela experiência com ele? Caramba. Eu não sabia. Só sabia que temia perdê-lo; perder esse homem a quem amava loucamente e cuja vida parecia estar cimentada na minha após meros sete meses era demais para suportar.

Assim, banquei a descolada e agi como se não me importasse, e em nenhum momento o questionei por estar fazendo aquele joguinho.

Se eu tivesse confiança para acreditar nos meus sentimentos, presença para honrar o desconforto que sentia por todo o corpo (em vez de tentar racionalizá-lo para que pudesse parar de me sentir assim) e coragem de tirar minha máscara, terminar o relacionamento naquela noite teria sido uma opção viável. Hoje em dia eu teria feito isso. Mas não antes de dizer: "Esta noite foi muito difícil para mim porque senti que você estava me evitando e me testando. Preciso que você saiba que daqui pra frente nunca mais vou tolerar ser ignorada. Eu sei que alguma coisa estava te incomodando também. Vamos conversar sobre isso".

No entanto, não falei a verdade para ele naquela noite. Escondi o jeito como realmente me sentia e ele também. Ambos continuamos usando nossas máscaras; até mesmo depois de nos casarmos.

Dizer a verdade — sobretudo quando isso pode custar nosso relacionamento — exige enorme coragem.

Dizer a verdade se tornaria parte da minha evolução interior.

Eu me sentia impotente no meu casamento; me esforçava tanto para manter o barco estável que mentia para que continuássemos juntos. Não traí meu marido, mas escondia a verdade dele — a minha verdade — com frequência. Não comunicava o que necessitava, não estabelecia limites, nem compartilhava meus sentimentos mais profundos, por medo de assustá-lo. Hoje, sei que nós dois fizemos o melhor que podíamos com as ferramentas que tínhamos — que não eram suficientes. Como muitos casais, ficávamos facilmente presos em um ciclo de comunicação ineficaz e emoções desreguladas. Como muitos casais, tínhamos medo de não sermos bons o bastante, evitávamos dizer um ao outro do que precisávamos, entrávamos em pânico quando nossas necessidades não eram supridas e no final culpávamos um ao outro pelo nosso sofrimento.

Sabemos que, quando nossa mente se torna um campo de batalha, criamos histórias que nos fazem ficar ressentidos, e o ressentimento destrói relacionamentos. Assim como a desesperança.

A desesperança surge quando nos sentimos impotentes em um relacionamento porque não verbalizamos, não comunicamos o que queremos nem compartilhamos nossos sentimentos. Acredite em mim: eu sei como é difícil falar e ter as conversas difíceis que todo relacionamento exige. Sei como é evitar comunicar o que queremos ou expressar nossos sentimentos porque estamos com medo que isso balance o barco e crie muita turbulência. Também sei que nenhum relacionamento vale a pena ser construído ou mantido se tivermos que mentir para isso.

A verdade é que precisamos estar dispostos a perder nosso relacionamento se quisermos ter qualquer chance de salvá-lo. Às vezes dizer a verdade levará *mesmo* ao fim daquele relacionamento, mas pode ser o que vai nos salvar no final.

Você precisa falar

As pessoas evitam conversas desconfortáveis para "manter a paz". No entanto, a paz não é o objetivo de um relacionamento; o amor é. E, quando amamos alguém, temos conversas difíceis em nome daquele amor.

Como muitas pessoas, eu evitava ter conversas difíceis porque, ao mesmo tempo que tinha medo de ouvir a verdade *dele,* também tinha medo de falar a minha. É por isso que os relacionamentos exigem uma enorme dose de coragem: precisamos arriscar colocar tudo a perder, porque se não fizermos isso a alternativa é sempre pior. A alternativa é ter necessidades não supridas, ressentir-se e trair a si mesmo. Todo relacionamento, desde o início do namoro até uma parceria duradoura, requer que nos comuniquemos e falemos a verdade.

Precisamos pedir o que queremos, falar quando não gostamos de alguma coisa e fazer as perguntas que podem nos assustar.

Em outras palavras, dizer a verdade não se aplica apenas aos cenários de "tudo ou nada". Podemos ser sinceros conosco e com nossos parceiros nas pequenas coisas todo dia. Ser sincero pode ser comunicar a um novo parceiro que você se sente desconfortável em festas com muita gente desconhecida e que prefere aquelas em que pode ter conversas individuais com as pessoas. Pode ser dizer a seu parceiro que está cansado e precisa tirar um dia para recarregar, em vez de fazer o que vocês planejaram para aquela tarde de sábado. Pode ser comunicar a um parceiro de longa data que, mesmo amando a tradição de vocês de sair para jantar uma vez por mês, você tem achado isso meio monótono e gostaria que tentassem fazer algo novo juntos. Costumamos evitar ser honestos nessas pequenas coisas porque nos preocupamos com os sentimentos do outro, ou nos sentimos envergonhados; porém, quando não somos diretos, podemos acabar nos ressentindo do outro por não nos dar o que realmente queremos.

Existem muitas pessoas que não têm dificuldade para agir de maneira assertiva. Mas existem outras que têm essa dificuldade. Algumas aprenderam na infância que pedir o que queriam significava serem rejeitadas ou hostilizadas. Outras foram condicionadas pelos parceiros a nunca serem assertivas porque quando o faziam acabavam causando discussões e problemas. Meninas e mulheres são condicionadas há séculos a agradar, porque se mostrando doces e não dizendo nada, elas se mantinham seguras e não atrapalhavam. Muitas delas sofrem com a baixa autoestima e não se sentem merecedoras daquilo que estão pedindo. Além disso, elas têm muito medo de serem abandonadas caso se mostrem assertivas, assim como eu sentia em meu próprio casamento.

O(s) elefante(s) na sala

Michelle e James eram um casal de trinta e poucos anos que me procurou porque ambos se sentiam desconectados um do outro. Quando os conheci, fiquei aliviada ao perceber que, apesar de se sentirem desconectados, eles ainda aparentavam um vínculo forte. Dava para perceber que os dois tinham uma base sólida forjada na amizade: eles falavam um com o outro demonstrando respeito e sem apontar dedos. Foi revigorante poder trabalhar com um casal que já tinha dominado a arte da responsabilização e que estava disposto a fazer o que fosse necessário e colaborar para encontrar uma solução para seu problema.

Esse casal tinha passado os últimos dois anos ignorando muitos elefantes na sala, como gastar demais, a relação quase abusiva que tinham com a bebida e a falta de intimidade física. Eles tomaram a decisão de investir em um treinamento de casal comigo sem perceber o quanto estavam escondendo um do outro.

Para mim, estava claro que havia coisas sobre as quais eles não estavam sendo honestos, por terem muito medo de magoar um ao outro. James tinha mania de agradar; ele acreditava que precisava fazer o máximo possível para evitar decepcionar Michelle, o que geralmente significava esconder a verdade de alguma forma. Michelle, do seu jeito, também agradava, para não precisar confrontar James sobre o que considerava ser uma falta de rumo dele na vida e ferir seus sentimentos.

Além disso, Michelle e James tinham uma falha de comunicação e usavam a bebida, como muitas pessoas fazem, para jogar as coisas debaixo do tapete. Coquetéis e cervejas substituíam dizer a verdade.

O caso deles foi um dos mais importantes da minha carreira, porque era um exemplo claro de que até mesmo os relacionamentos com uma base sólida podem ruir quando não falamos a verdade, e também de que dizer a verdade pode salvar uma relação.

Quando os conheci, era janeiro. Eles estavam de mãos dadas, mas era visível que estavam desconfortáveis. James olhava para baixo, prendendo a respiração. Dava para ver gotas de suor se formarem sobre seu lábio superior e suas sobrancelhas. Michelle parecia estar um pouco mais relaxada, por isso me dirigi a ela:

— Como posso ajudar?

— Eu sinto que estou com meu melhor amigo, mas às vezes não estamos conectados — ela disse, demonstrando cautela.

— Como assim?

— Bom... — Michelle continuou a responder minha pergunta olhando para James, um indicativo de que estava levando em consideração os sentimentos dele enquanto falava — Eu sinto que não estamos realmente presentes um para o outro, ou que não conversamos o suficiente sobre coisas importantes, e que não estamos conectados sexualmente.

Assim que Michelle disse "sexualmente", notei que James congelou. Nenhum homem quer ouvir que sua mulher não se sente satisfeita sexualmente. James parecia ter levado um soco na boca do estômago e estava tentando agir como se aquilo não tivesse acontecido.

— O que você quer dizer quando fala que vocês não estão conectados sexualmente? — perguntei. Como alguém que já conversou sobre vida sexual com vários casais, acredito que uma das estratégias mais subestimadas quando o assunto é melhorar a vida sexual de um casal é ambos estarem mais mentalmente presentes durante a intimidade física. Definitivamente, eu sei como é sentir que meu parceiro não está realmente no quarto comigo; também sei como é estar distraída a ponto de não estar no quarto com meu parceiro. O resultado é bastante desconexão... e sexo de péssima qualidade.

Michelle evitou responder à pergunta:

— James é meu melhor amigo.

— Sim, dá para perceber — eu a validei —, e isso é ótimo. Vocês claramente têm uma base sólida como casal, sustentada pela amizade e pelo respeito. Isso é excelente. Muitos casais enfrentam dificuldade porque não têm nenhuma base de sustentação.

Eles sorriram carinhosamente um para o outro.

— Eu quero me sentir mais conectada ao James. Às vezes eu sinto como se ele estivesse em outro mundo — Michelle disse, suspirando e se recostando no sofá. Ela e James ainda estavam de mãos dadas, e ele ainda parecia ter levado um soco no estômago. Curiosamente, acho que Michelle não percebeu o quanto James estava desconfortável.

— Você já disse isso para ele? — perguntei.

Ela olhou para James:

— Sim. Quero dizer, mais ou menos. Conversamos um pouco sobre isso antes de decidir entrar em contato com você. — James concordou com a cabeça.

— Olha — eu disse —, sei o quanto isso é difícil. Vocês se

amam, e não querem magoar um ao outro, o que é admirável. Mas estão aqui, e o mais importante é que sejam o mais honestos possível. Porque, se não podemos falar do problema, nos tornamos o problema. E eu entendo a sensação de vocês de que não estão conversando como precisariam conversar.

— É verdade — Michelle disse prontamente. James ainda parecia não estar respirando. — Acho que criamos o péssimo hábito de ignorar nossos problemas e de usar a desculpa de sair para beber como uma forma de ignorá-los. — Fiquei surpresa com o nível de autoconhecimento que ela demonstrava ao admitir isso.

— E o que *você* acha, James? — perguntei a ele. — Era visível que estava sendo difícil para ele, e me senti mal com isso. — Não tem problema se sentir nervoso, James. Porque você não se levanta, alonga os braços sobre a cabeça e respira fundo algumas vezes? Depois beba um gole de água.

Ele fez isso e, quando se sentou novamente, estava muito mais alerta. Sempre me surpreendo com o quanto o alongamento, a respiração e a água podem ser eficazes para libertar alguém de seu desconforto emocional. Dito isso, eu sabia que precisava ter cuidado ao instruí-lo sobre como se expressar emocionalmente. Precisaria ter paciência e dar diretrizes claras.

— Humm... Quer dizer, eu também sinto que não estamos mais tão conectados como éramos — ele disse.

James não estava me dando muito material para trabalhar, além de estar muito desconfortável; por isso, decidi retomar esse assunto quando me encontrasse com ele a sós.

Em nossas seções individuais, aprendi muito sobre a história de James. Ele foi criado por um pai alcoolista, que com frequência sucumbia aos seus acessos de raiva e gritava com a mãe de James. Aos 13 anos ele decidiu que nunca seria como o pai. Em vez disso, trataria sua esposa como uma princesa. Ele seria um bom homem — não um homem cruel e raivoso como seu pai. No geral, com certeza, não foi uma decisão ruim. Porém, James acreditava que, para ser um bom marido, precisava fazer o que fosse necessário para nunca decepcionar sua esposa, mesmo que isso significasse esconder a verdade dela; mesmo quando estivesse sofrendo. Como Robert Glover escreve em seu livro mundialmente conhecido *No More Mr. Nice Guy* [Pare de bancar o Sr. Bonzinho, em tradução livre], "Quase tudo que um Homem Bom faz é consciente ou inconscientemente visando obter a aprovação de alguém ou evitar a desaprovação".

James tinha medo de dizer a Michelle que queria pedir demissão de seu emprego para começar seu próprio negócio; ele estava preocupado que a instabilidade financeira a decepcionasse. Ele tinha medo de ouvi-la dizer: "Não é uma boa ideia". Ele estava levemente deprimido e ansioso com a sensação de estar extremamente estagnado na vida. Quando entrava em pânico e ficava preso em seus pensamentos, ele não conseguia se conectar com Michelle. Ele não tinha recursos para expressar o que se passava dentro dele. Também se sentia paralisado pela necessidade de agradá-la e não decepcioná-la.

Para que James pudesse falar a verdade, ele precisaria confrontar sua identidade de homem bom.

Ele sabia que se sentia estagnado, mas não sabia o quanto isso estava conectado ao seu medo de decepcionar Michelle até que eu disse isso a ele.

Quando Michelle me contou que a sensação que tinha era que James estava em outro lugar, ela estava descrevendo a *sua* experiência com a falta de rumo dele. Mas o que realmente estava acontecendo com James era que ele se sentia preso entre o medo de decepcionar a esposa e a sensação de estar estagnado em um emprego que o deixava muito infeliz.

Eu queria ajudá-los a entender que o relacionamento deles nunca teria a profundidade que poderia ter sem uma comunicação aberta e sincera. Precisei ajudar James a perceber que ele nunca seria como seu pai e que, ao esconder seu mundo interior da esposa, estaria a decepcionando mais do que se dissesse a verdade. Precisei ajudá-lo a criar a coragem necessária.

Tive que explicar o conceito de autoabandono para ele.

— Ninguém quer que seu parceiro abandone a si mesmo para estar em um relacionamento — disse a James. — Ninguém que te ame quer ver você abandonar quem realmente é em nome da relação.

O verdadeiro trabalho seria abordar esse assunto em uma conversa com ambos.

Na sessão seguinte em que nós três nos encontramos, eu pacientemente instruí James a conversar com sua esposa de um jeito diferente. Alguns dos direcionamentos que dei a ele foram: ficar de frente para ela, respirar fundo algumas vezes e olhá-la nos olhos. Também pedi que ficassem de mãos dadas.

Para ensinar Michelle a ser uma parceira que oferece mais segurança a James, eu disse a ela:

— Isso tudo é novidade para ele. Quero que você pratique ter uma escuta realmente ativa, sem ficar planejando sua resposta ou pensando em si mesma. Você vai se esforçar para escutá-lo de verdade, praticando a empatia e compaixão neste exato momento.

— Eu tenho muito, muito medo de decepcionar você — disse James. — Tenho medo de você me achar um fracassado e que eu não sou o marido que você gostaria que eu fosse. Também tenho medo de falhar com você.

Dava para perceber que Michelle estava ouvindo, mas ela parecia confusa.

— Michelle, você tem alguma coisa a dizer sobre o que James acabou de falar? — perguntei a ela.

— Eu te amo — ela o tranquilizou. — Jamais pensaria que você é um fracassado. Só quero entender o que está acontecendo com você.

— Tenho me sentido muito perdido, sem realmente saber que caminho seguir, e isso tem me deixado muito ansioso. Eu me sinto estagnado.

— Isso é ótimo — eu disse, e incentivei James a contar para Michelle um pouco mais sobre como ele estava se sentindo. James estava tomado por muitas emoções que não estava acostumado a regular. Pedi que não tivesse pressa, respirasse fundo algumas vezes ou tomasse um gole de água. Ele então continuou a contar para Michelle sobre as dificuldades em sua carreira; que, mesmo sabendo que tinha um bom emprego, se sentia infeliz. Era um sonho seu começar o próprio negócio, mas ele nunca tinha falado disso com ela porque não sabia como ela reagiria.

— Percebi enquanto conversava com a Jillian que isso estava me fazendo sentir preso dentro da minha cabeça e desmotivado — ele disse a Michelle.

Quando ele finalmente contou para a esposa a ideia que tinha para um negócio, ela se mostrou bastante receptiva.

— O que você quiser fazer — Michelle disse. — Só acho que precisamos conversar sobre a logística. O quanto de trabalho extra vou precisar fazer para nos sustentar. Quero que você faça o que for melhor para você. E com certeza não quero você largado no sofá sem estar presente no momento comigo.

A reação dele à demonstração de apoio dela foi como levantar a válvula de segurança de uma panela de pressão. Toda a atenção deixou o corpo dele, que na hora relaxou e voltou a respirar. Pude sentir o alívio em meu próprio corpo quando James disse a Michelle o que queria.

— Muito bem, o que você precisa que ele mude? — perguntei a Michelle.

— Preciso que ele cuide do corpo, saia e pratique esportes, porque isso o deixa muito feliz, com mais energia e é quando mais me sinto atraída por ele.

O que James precisava era:

— Preciso que ela pare de usar o celular durante o jantar e que não esteja trabalhando o tempo todo. Eu gostaria de passar um tempo de qualidade com ela toda noite, sem celular. Queria que nos esforçássemos para melhorar nesse aspecto.

Michelle então disse:

— Quero que a gente pare de beber por um tempo, porque acho que isso não faz muito bem para nós. Quero que a gente cobre isso um do outro, sem jogar as coisas debaixo do tapete, bebendo e agindo como se tudo estivesse perfeito quando claramente não está, e nós não estamos nos comunicando.

Ele concordou. Quando os dois pararam de beber, ela começou a notar mais e mais coisas no relacionamento que eles estavam reprimindo e deixando de prestar atenção.

Houve uma enxurrada de consequências, todas em função do fato de eles não falarem a verdade um para o outro. Uma dessas consequências era a diminuição da atividade sexual. Eles não tinham o hábito de conversar sobre sua vida sexual antes me procurarem. Precisei tranquilizá-los de que essa era uma conversa que praticamente todos os casais precisavam ter — seja sobre o que gostavam e não gostavam, seja sobre seus desejos ou necessidades. À medida que James superou seu medo de decepcionar Michelle, eles passaram a ter essas conversas com maior frequência. Já Michelle realmente precisava poder expressar sua decepção sem que James ficasse apavorado.

Ao longo de um ano, eu os ajudei a dizer um ao outro o que por anos evitaram dizer. Juntos, expulsamos os elefantes da sala, e James e Michelle conseguiram construir seu casamento tendo a honestidade e a transparência como seus novos pilares. Por mais doloroso que fosse, às vezes, para eles admitirem um para o outro, a verdade no fim os libertou.

Tirando a máscara

Garotas descoladas nunca se irritam; elas simplesmente sorriem de um jeito resignado e amoroso, e deixam seus homens fazerem o que quiserem. Vai em frente, faça o que bem entender ou faça pouco de mim, eu não ligo, sou uma garota descolada.

– Gillian Flynn, *Garota exemplar*

A maioria das pessoas costuma dar muito valor à autenticidade, mas trabalhei com e conheci muita gente que não só não honra quem realmente é como está tentando ser quem não é. Podemos valorizar a autenticidade, mas, se acreditarmos que vamos nos tornar muito mais atraentes sendo outra pessoa, então geralmente é quem vamos tentar ser: outra pessoa.

Ajudar as pessoas a se manterem autênticas, mesmo quando elas temem não encontrar a pessoa certa ou continuar com a pessoa que amam, é o que eu mais faço. Isso porque todo mundo quer ter amor; e, como aprendemos na Verdade 1, todo mundo em algum grau tem medo de não ser suficiente. É necessário bastante autoconhecimento e coragem para arriscar ser rejeitado e perder uma conexão em nome de se manter fiel a quem somos e ao que valorizamos. Mas a verdade é que perder a conexão com nós mesmos tem consequências muito maiores do que perder a conexão com o outro. Nesta seção, vou detalhar quais são as consequências de não sermos completamente fiéis a quem somos quando estamos em um relacionamento.

Garota topa-tudo

Emma, de 37 anos, não queria ficar solteira, mas passou anos tentando arrancar um compromisso de um rapaz que não supria nenhuma das suas necessidades. Quando ela me procurou, já tinha feito terapia, trabalhado com *coaches* de relacionamento e feito inúmeros cursos, tudo isso para tentar descobrir como encontrar o amor. Nada parecia funcionar.

Durante nossa primeira sessão, descobri dois padrões que a

impediam de ter o tipo de relacionamento que queria. Primeiro, ela continuava investindo em relacionamentos casuais que não iam para a frente, apesar de querer um relacionamento sério; e segundo, ela tinha uma profunda aversão a passar a impressão de ser carente, sobretudo em um relacionamento e quando estava namorando.

No trabalho, Emma era confiante, assertiva e decidida.

No amor, ela era a garota topa-tudo.

O irmão mais velho de Emma teve problemas com vício, por isso o papel dela na família era o da "filha tranquila". Ela aceitava tudo; não só não demandava muita atenção como era extremamente compreensiva. E não era só isso. Ela também acreditava que os homens preferiam "garotas descoladas".

— Sabe aquelas garotas que estão sempre carentes e choramingando para o namorado? Aquelas que estão sempre reclamando? Simplesmente não consigo ser esse tipo de garota — ela disse, com um olhar de desaprovação.

Ela até tinha um pouco de razão. Realmente existem mulheres *e* homens que reclamam e assolam seus parceiros com negatividade e exigências. Entretanto, o caso dela era diferente. Emma estava sob a forte influência de sua criação e condicionamento social, que a transformaram em uma fingidora. Ela estava fingindo ser "descolada", o que para ela significava *Não tenho nenhuma necessidade*. Emma estava entre as incontáveis mulheres que foram hipnotizadas por essa crença e usam a máscara da garota descolada que topa tudo. Eu também já usei essa máscara. Eu a usei no *Sleep No More* e continuei a usá-la quando decidi nunca conversar sobre aquela noite com meu ex-marido.

A garota topa-tudo não tem necessidades porque isso significaria que ela é carente. Ser carente significa não ser atraente nem desejável. Emma acreditava que, para ser amada, devia ser tranquila e descolada. Acreditava que não deveria ter necessidades. Não sabia a diferença entre ter necessidades e ser carente. Se ela não gostasse do jeito que um rapaz a beijava, agia como se tivesse adorado. Ela fingiu ter inúmeros orgasmos porque imagine que absurdo ter que dizer ao parceiro como prefere ser tocada. Quando ficava magoada, ela nunca dizia para o parceiro, porque ficar magoada significava que ela era um fardo, e ser um fardo definitivamente não era descolado. Necessidades à parte, ela nem ao menos reconhecia seu direito básico de escolher um determinado restaurante no qual gostaria de jantar ou de pedir um copo d'água para o parceiro quando ele se levantava para pegar água para si mesmo; ou pedir para parar durante uma viagem de carro para que ela pudesse fazer xixi. Ela tinha se acostumado tanto a dizer "Não, tudo bem", "Tanto faz" e "O que você quiser tá bom para mim" que se perdia por completo nos relacionamentos.

Emma foi uma "criança tranquila" e eu fui uma "criança difícil", mas ambos os papéis nos convenceram de que ter necessidades nos tornava pessoas difíceis e pouco atraentes. Eu estava determinada a ajudá-la a se libertar daquela mentira, como eu tinha me libertado; para que ela pudesse se apresentar de forma autêntica e enxergar que dizer a verdade sobre si mesmo é o único jeito de ganhar no jogo do namoro e encontrar o amor.

— Um relacionamento exige que você fale, Emma — eu disse. — As duas pessoas precisam trazer o dom de suas autonomias para o relacionamento, e faz parte da nossa autonomia ter necessidades, opiniões e preferências.

— Eu sei, eu só não quero parecer difícil; e às vezes é muito mais fácil não criar muito caso.

— Você é assim no seu trabalho? — Ela tinha dito que tinha um cargo importante na área de marketing comercial.

— Não *mesmo*. — O tom dela mudou tanto que de repente parecia que eu estava falando com outra mulher. — Sempre deixo claro o que eu espero dos outros.

— Certo. Então, você está dizendo que não é uma pessoa tranquila no trabalho?

— Isso mesmo — ela declarou, sem um pingo de síndrome da garota topa-tudo. — Mas isso é no trabalho. Nenhum homem vai querer namorar esse lado meu.

— Vai. Ele vai sim — eu disse, ainda mais confiante. — Será que ele vai querer a Emma do trabalho o tempo todo? Não. Mas faz parte de quem você é. E a outra parte de você é realmente tranquila! O que é ótimo. Na verdade ser tranquila, solícita e pouco exigente são boas qualidades. Só que não às custas das suas necessidades. Se você está sempre concordando, fazendo ou dizendo tudo aquilo que acredita que o outro gostaria que você fizesse ou dissesse, você está mentindo para ele.

Ela olhou para mim, confusa.

— Isso mesmo, mentindo — eu confirmei. — É por isso que você continua namorando homens que não servem para você, Emma. Se você não é fiel a si mesma no relacionamento, no sentido de expressar suas vontades e necessidades, então não será capaz de construir uma conexão real com alguém. Sempre vai parecer uma coisa unilateral, e você sempre vai estar insatisfeita e, de um jeito contraditório, carente daquele amor.

Dava para ver que ela estava pensando sobre o que eu disse.

— Você se sentiu carente no seu último relacionamento? — perguntei a ela.

— Completamente. Era difícil aguentar!

— Eu entendo. Você se sentia carente porque suas necessidades não estavam sendo supridas. Mas isso é uma parte importante de estar em um relacionamento, Emma. Você precisa falar e dizer a verdade. A sua verdade. E isso inclui suas necessidades e suas opiniões. Quer ser seja a sua necessidade de compromisso, o seu anseio por um orgasmo, ou a sua vontade de ir a um determinado restaurante: tudo isso é importante.

O maior desafio de Emma quando o assunto era relacionamentos amorosos é que ela precisava aprender a diferenciar entre ter necessidades e ser carente. Expliquei a ela que carência é esperar que nosso parceiro nos faça sentir felizes e seguros o tempo todo. Carência é sentir que nada que nosso parceiro faz é bom o bastante, porque temos a expectativa pouco realista de que ele deveria ser capaz de ler nossa mente e nunca nos decepcionar. Ser carente é renunciar completamente a nossa autossuficiência e transferir para o outro a responsabilidade de suprir todas as nossas necessidades a qualquer momento, como se fôssemos crianças. Como o psicólogo e filósofo Erich Fromm escreveu em seu livro *A arte de amar*, "o amor imaturo diz: 'Amo você porque preciso de você'. O amor maduro diz: 'Preciso de você porque te amo.'" Carência não tem a ver com amar a outra pessoa, e sim com precisar de todos que nos farão nos sentir melhor, porque não sabemos como nos fazer sentir melhor.

A garota descolada, a boazinha e o bom rapaz

Uma "garota descolada" topa tudo porque quer ser vista como "despreocupada". Nada a incomoda. Está cansado das amarras de sempre? A garota descolada é a solução dos seus problemas. Está cansado de ter que estar presente e apoiar emocionalmente sua namorada? A garota descolada é a solução dos seus problemas. Está cansado de conhecer mulheres que querem um relacionamento de verdade? A garota descolada é a solução dos seus problemas.

Se eu tivesse que escolher apenas dois arquétipos que assombram mulheres de todas as idades, escolheria o da "garota descolada" e o da "boazinha". Por fora, eles são diferentes. A garota descolada é uma espécie de camaleão: ela se transformará naquilo que acreditar ser o que os "outros" realmente desejam. Ela é a garota que anda com os garotos e assiste futebol e depois se transforma em uma estrela pornô na cama. Ela é a garota que finge amar a natureza e acampar mesmo quando odeia estar ao ar livre e prefere com certeza se hospedar em um hotel cinco estrelas. Ela também é a garota que vai agir como se nada a afetasse, mesmo que nunca se torne uma prioridade na vida do outro.

A boazinha é geralmente uma garota doce, tranquila e acolhedora. Ela segue todas as regras e é educada. O seu sistema de crenças prega: *Se imponho limites, sou indelicada. Se tenho opiniões fortes, sou agressiva. Se tenho necessidades, sou egoísta.* Por mais que eu acredite que a maioria das pessoas devesse aprender a ser mais altruísta em seus relacionamentos e a nem sempre querer que tudo gire em torno delas, a garota boazinha é altruísta até demais. Ela não só coloca as necessidades e o conforto de todos na frente dos seus como corre o risco de criar desculpas para comportamentos nocivos.

O que a garota descolada e a boazinha têm em comum é que ambas praticamente não têm limites definidos; e, assim como Emma, fingem não ter necessidades para serem consideradas "boas o bastante". Ambas, inconscientemente, acreditam que, se falarem e disserem a verdade sobre como se sentem, quais são as suas necessidades e o que desejam, serão rejeitadas e não serão amadas. Por isso elas mentem. Elas mentem porque são influenciadas pelo condicionamento de que uma mulher com necessidades, opiniões e medos é uma mulher difícil. Elas mentem porque acreditam que por dizerem a verdade podem ser vistas como megeras, reclamonas, carentes, masculinas, frias ou irritantes. Em outras palavras, só existem duas possibilidades: ser tranquila ou difícil; doce ou megera; não ter nenhuma necessidade (ou bem poucas) ou ser carente. A garota descolada e a boazinha vivem em um mundo de dualidades extremas, sem entender que somos todas muito mais complexas do que as personagens de um filme.

No filme *O Diabo veste Prada*, Miranda Priestly (interpretada por Meryl Streep) nos mostra que ser uma mulher poderosa significa ser uma megera. Nós simpatizamos com a frágil e vulnerável Andy (Anne Hathaway), o arquétipo da boazinha, ao mesmo tempo que sabemos que ela precisa desesperadamente passar por uma transformação. No começo, Andy quer agradar e faz de tudo para se encaixar nos papéis que lhe foram designados. Nós, que assistimos, queremos ver a zebra vencer, mas também queremos ver a pessoa que adora agradar, que fica à mercê da vilã, se encontrar e exercer seu poder. O filme inteiro é sobre Andy encontrar sua coragem e sua voz — e, ao fazer isso, ela finalmente supera a síndrome da boazinha e se descobre. Sua jornada do herói termina quando ela encontra a luz no fim do túnel, finalmente deixa o emprego e decide correr atrás daquilo que realmente deseja.

James, que você conheceu ao longo deste capítulo, era o típico "bom rapaz". O bom rapaz, assim como a garota descolada *e* a boazinha, mente para evitar a rejeição e receber validação e amor. O processo de cura do impulso de agradar varia de pessoa para pessoa; porém, como vimos com James, para *se* curar, ele precisou desaprender a crença de que o homem ou é agressivo e descontrolado ou bom e basicamente sem opinião. Ele precisou aprender que poderia ser gentil e amoroso e ainda assim ter suas próprias necessidades e sentimentos. Ele precisou aprender que poderia ser tolerante sem renunciar aos seus valores, necessidades ou sonhos. Para se curar, ele precisou aprender a conviver com o seu desconforto, correr atrás dos seus sonhos e se comunicar.

A estratégia inconsciente de Emma para seduzir os homens era topar tudo. Ela achava que isso os faria se interessarem por ela, mesmo quando rapidamente percebia que nenhum deles parecia estar completamente envolvido emocionalmente. A história que ela se contava era: *Nenhum homem me ama de verdade*; uma história que, obviamente, afetava sua autoestima e a fazia questionar sua capacidade de ser amada. Ela não percebia que sua estratégia de sedução era completamente equivocada. Não sabia que a maior sedução acontece quando nos valemos da nossa autenticidade, porque a confiança de ser quem somos é o que, definitivamente, atrai as pessoas certas para as nossas vidas.

A missão de Emma era levar seu lado mais confiante e decidido para o universo do namoro e dos relacionamentos. Pedi que ela praticasse constantemente, começando por se perguntar quais eram suas pequenas e mais básicas necessidades (por exemplo, sugerir restaurantes ou fazer pedidos aos parceiros). A cada semana conversávamos sobre o desconforto que ela sentiria ao adotar uma postura mais assertiva e ao verbalizar mesmo as menores coisas. Porém, felizmente, Emma não permitiu que seu desconforto a impedisse. Ela continuou dando esses pequenos passos, até que fazer pedidos se tornou algo fácil para ela! Depois que ela se acostumou a verbalizar suas preferências dentro do relacionamento, chegou a hora de ajudá-la a tomar decisões melhores em sua vida amorosa.

Antes, Emma tinha o hábito de aceitar relacionamentos casuais com homens nos quais não estava tão interessada assim. Segundo seu lado topa-tudo, era muito difícil estabelecer limites e muito mais fácil deixar que esses relacionamentos esfriassem e acabassem naturalmente. O problema era que ela estava perdendo tempo. Ela queria se casar e começar uma família, e passar tempo com homens nos quais ela não estava interessada a impedia de conhecer a pessoa certa para ela.

— Está na hora de fazer uma limpa, Emma — fui direto ao ponto. — Ficar esperando só faz você e eles perderem tempo. Você realmente pode ter o que quer. Só precisa exigir mais para a sua vida amorosa, como você faz na sua vida profissional.

— Tudo bem, mas eu não tenho ideia do que falar para eles!

E foi nesse momento que me dei conta: a maioria de nós não é exigente, tem dificuldade para impor limites e se esconde da verdade simplesmente porque não sabe se comunicar.

— O que você diria se não estivesse com medo, Emma? — perguntei gentilmente.

Ela parou para pensar.

— Acho que seria direta e diria a eles que gostei do tempo que passamos juntos, mas que não são "a pessoa certa" para mim.

— Acho que está ótimo, Emma — elogiei, sorrindo. São avanços aparentemente pequenos como esse momento que dão um enorme significado para a minha vida.

Dizer a verdade geralmente exige uma enorme dose de coragem. A verdade costuma estar escondida debaixo de camadas dos nossos padrões subconscientes (pense na garota descolada, na boazinha e no bom rapaz), criados para nos proteger da mágoa. Quando acreditamos que ao dizer a verdade poderemos ser vistos como fracos, fracassados ou pouco atraentes, fica muito fácil esconder a verdade. Além disso, quando não temos as ferramentas para nos expressarmos, podemos facilmente ficar presos no campo de batalha dentro de nossa mente e nos tornar ressentidos. Não pense nem complique demais as coisas. É só a verdade. Ela vai libertar você. A verdade tem o poder de fazer o relacionamento voltar a andar nos trilhos. A verdade nos ajuda a deixar para trás aquilo que não está certo ou começar um novo relacionamento, dessa vez mais saudável e baseado na honestidade. Por isso, em vez de focar a transparência do outro, estabeleça esse padrão para si mesmo. Pare de se arriscar pouco; arrisque-se muito dizendo a verdade; primeiro para si mesmo e em seguida levando sua autenticidade para todos com quem se relacionar. Você não precisa mais da máscara. A verdade é que o bem mais precioso que você pode oferecer em um relacionamento é a verdade.

• • • • • • • • • • • • • • • •

PRATICANDO ESSA VERDADE

Se você procura o amor, seja você mesmo.
— Becca Lee

Como você aprendeu ao longo deste capítulo, as consequências de não dizer a verdade têm enorme repercussão não só nos nossos relacionamentos com os outros como também no nosso relacionamento conosco. Essas consequências são: o ressentimento, a desconexão e a completa perda de poder que resulta de nos deixarmos levar pelo medo em vez de expressar quem somos e o que sentimos.

Como ser assertivo em um relacionamento ou quando estiver namorando

Não precisa estufar o peito e desafiar alguém para um debate. Seu objetivo é se manter fiel à verdade e não ao seu ego, porque a verdade é o que cultiva os relacionamentos. Você pode fazer isso demonstrando vulnerabilidade *e* decisão, ao mesmo tempo que precisará trabalhar a respiração para conseguir se autorregular. Para se preparar, é importante inspirar fundo e devagar, e focar em soltar o ar lentamente para liberar a tensão e a ansiedade que estiver sentindo. Se prestar atenção, você vai perceber que grande parte da sua atenção fica localizada em um determinado local, por exemplo, a barriga, o peito, a mandíbula ou as mãos. Continue tentando liberar essa tensão cada vez que soltar o ar.

Exemplos de autoafirmação:

"Gostei de conhecer você, mas sinto que não temos uma conexão amorosa. Desejo a você tudo de bom."

"Prefiro não trocar mensagens quando estou conhecendo alguém. Acho melhor conversar por telefone."

"Eu te amo, e quero que isso dê certo. Por isso preciso que algumas coisas mudem para que eu consiga ser minha melhor versão neste relacionamento." (Em seguida, liste claramente de uma a três coisas que você precisa que mudem no relacionamento.)

"Não gostei de como isso me fez sentir. Fiquei magoado. Podemos conversar a respeito?"

"Por favor me diga o que precisa que eu faça para que nós possamos ter uma conversa produtiva. O que eu preciso é: _____."

"Gosto muito de você e me sinto bastante atraído, mas não estou interessado em sexo casual. Estou procurando uma conexão verdadeira com alguém com quem possa construir uma vida comigo. Por isso, prefiro que a gente se conheça melhor antes de o sexo entrar nessa equação."

"Gosto muito de você e queria te conhecer melhor. O que você acha?"

"O que eu prefiro é _____."

"Isso realmente não funciona para mim. O que eu preciso é _____."

"Estou precisando de um abraço. Gostaria de me sentir mais conectado com você."

Como dizer a verdade quando for difícil

Em um relacionamento, o objetivo das conversas difíceis deve ser cultivar a conexão e o amor. Para atingir esse objetivo, precisamos priorizar fazer o outro sentir que está sendo visto e ouvido.

Também precisamos ser honestos. Ter o objetivo de "ganhar" a conversa só vai criar mais desconexão.

Em uma conversa desconfortável, ficamos inseguros sobre o resultado que vamos obter. Quando temos uma dessas conversas, isso geralmente significa que vamos precisar dizer ou ouvir coisas que podem ser difíceis de processar. Podemos sentir receio de que ocorram mal-entendidos ou de não sermos ouvidos. Podemos sentir medo de sermos rejeitados. Por isso, repito: é importante se lembrar do verdadeiro objetivo da conversa — quer seja restabelecer a conexão, expressar seus sentimentos ou comunicar quais são seus limites — e tentar permanecer presente o máximo possível, focando sua respiração e soltando o ar lentamente, quando se sentir tenso.

Também é importante se concentrar em dizer a verdade, mostrando vulnerabilidade e sendo direto.

Exemplos para situações de namoro e início de relacionamento:

"Tenho ficado muito preso nos meus pensamentos ultimamente e realmente gostaria de estar mais presente. Existem algumas coisas que estão me incomodando e sobre as quais não tenho sido tão honesto. Sinto muito. Podemos conversar sobre isso agora?"

"Gosto muito de você, mas sinto que fizemos o melhor que podíamos e acho que seria melhor se cada um seguisse o seu caminho. Sei que isso é muito difícil, mas sinto que é o melhor para mim e também para nós dois."

Exemplos para casais:

"Estou tendo dificuldades com o nosso relacionamento.

Não me sinto visto nem compreendido. Tenho certeza de que você se sente assim também. Podemos conversar sobre isso?"

"Sei que você quer conversar, e prometo que não vou fugir. Só preciso de alguns momentos para organizar meus pensamentos, porque estou me sentindo sobrecarregado. Tudo bem?"

"Meu último relacionamento foi difícil porque _____; por isso, às vezes fico inseguro durante _____, mas estou me esforçando para me manter presente. Queria que você soubesse, porque isso realmente me impactou."

Se você sentir que uma briga está prestes a acontecer, pode dizer: "Acho que essa conversa está começando a escalar, e me preocupo demais conosco para permitir que isso fuja do controle. Vamos dar um tempo para nos acalmar, e podemos retomar a conversa em alguns minutos, tudo bem?"

Como ser você mesmo se estiver namorando?
Responda a estas perguntas:

1. Quais são suas estratégias para fazer alguém se interessar por você?

2. E se a autenticidade fosse o seu objetivo? O que mudaria?

A maioria das pessoas tem um objetivo quando se sente atraída por alguém: fazer o outro também se sentir atraído, e fazer o que for necessário para isso acontecer. A parte primitiva de nós tem um único objetivo: *conquistar o amor*. Não é racional, é instinto de sobrevivência. É por isso que Emma e inúmeras pessoas se tornam camaleões quando conhecem alguém de quem gostam. Elas se contorcem para se tornarem quem acreditam que vai agradar o outro, em uma tentativa estratégica de receber validação, aceitação e atenção.

No entanto, como você aprendeu com Emma, esse é o principal motivo para você não estar atraindo nem escolhendo as pessoas certas. A verdade é que a autenticidade é o que atrai a pessoa certa para você e também o que repele quem não é essa pessoa. A autenticidade é o filtro mais confiável para potenciais parceiros.

Se você quer amor, precisa representar a si mesmo e não se vender.

Quando se sentir ansioso, pratique respirar e relaxar seu corpo, e em seguida mantenha-se presente e veja se tem algumas coisas em comum com essa pessoa. Note os momentos em que estiver tentando parecer "descolado"; em vez disso, demonstre um pouco de vulnerabilidade. Compartilhe algo importante para você, seja sobre sua família, arte, viagem, uma causa, ou seu animal de estimação. Qualquer pessoa que não corresponder a sua autenticidade não é a pessoa certa para você.

O que faz um relacionamento funcionar é a autenticidade e dizer a verdade. Mentiras fazem a relação se tornar disfuncional. No entanto, não falamos o suficiente sobre quanta coragem é exigida para sermos autênticos, para expressarmos nossas necessidades quando acreditamos que elas serão rejeitadas, e para sermos assertivos quando tememos que isso possa levar ao fim do relacionamento. É necessário uma enorme dose de coragem para dizer a verdade, porque precisamos ser quem somos, em vez de quem achamos que deveríamos ser. E precisamos falar, mesmo quando isso nos assusta.

VERDADE 6

Você precisa ser sua melhor versão (inclusive depois da lua de mel)

Não posso fazer nada por você a não ser trabalhar em mim mesmo...
Você não pode fazer nada por mim a não ser trabalhar em si mesmo.
— Ram Dass

Em seu e-mail, Lauren escreveu: "Preciso de ajuda para me tornar uma pessoa melhor e poder reconquistar minha namorada".

Ela perguntou se poderíamos fazer uma sessão de emergência. Sua namorada, Jess, tinha acabado de terminar com ela, e em dois dias elas planejavam se encontrar para discutir o relacionamento.

— Quando conheci minha namorada, foi como se tivesse me tornado a minha melhor versão — Lauren me disse durante nosso primeiro encontro on-line. — Em vez de ficar me estressando o tempo todo com coisas pequenas, eu adotava uma atitude muito mais calma e positiva sobre as coisas. Eu fazia exercícios todo dia e realmente queria ser minha melhor versão, tanto para ela *quanto* para mim.

Aos 31 anos, Lauren tinha uma personalidade expansiva, do tipo que nos sentimos energizados só de ficar perto dela. Ela gesticulava como um maestro conduzindo sua orquestra quando falava e tinha uma risada diferente e contagiante.

Ela continuou:

— Depois, não sei o que aconteceu. Simplesmente deixei minhas besteiras atrapalharem. Meu estresse. Problemas familiares. Ficava mal-humorada. Reclamava diariamente do trabalho com ela e passava os fins de semana na frente da televisão, em vez de querer sair e fazer coisas diferentes juntas. Quando Jess tentava me animar, eu reclamava, alegando que ela não me entendia e que sentia que ela não me via. Mas na verdade era a *Jess* que não se sentia vista. Eu me rendi à preguiça e parei de cuidar de mim.

Existe um antigo ditado que diz: "Todo mundo é a sua melhor versão no início de um relacionamento". Isso explica por que as primeiras semanas ou meses quando as pessoas estão se conhecendo são chamados de "período de lua de mel". Nós mostramos nosso melhor lado no começo. Levamos flores. Preparamos o jantar. Planejamos encontros. Nos arrumamos para sair. Fazemos atividade física e cuidamos do corpo. Queremos ser as pessoas mais sedutoras, carinhosas, maduras, interessantes e multidimensionais que pudermos. Somos a nossa melhor versão: somos divertidos, escutamos, nos aventuramos, estamos sempre de bom humor. Dizemos "Sim!" para novas experiências, e demonstramos curiosidade e interesse. Enchemos nosso parceiro de perguntas e o fazemos se sentir no centro das atenções.

Mas, assim que nos sentimos confortáveis, paramos de tentar, e é nesse momento que os problemas começam a surgir em um relacionamento. A verdade é que paramos de tentar ser felizes, presentes, interessantes e divertidos. Em vez disso, retomamos os padrões emocionais que conhecemos; que seguimos há anos, provavelmente desde muito antes de conhecer aquela pessoa. Ficamos estressados e levamos nosso estresse para casa e para nosso parceiro, ao mesmo tempo que continuamos sendo nossa melhor versão com nossos amigos e colegas de trabalho. Nós nos tornamos pessimistas e apáticos, quando costumávamos ser cheios de vida e de positividade.

Relacionamentos amorosos e gratificantes são determinados por duas coisas: quem escolhemos amar e como escolhemos nos apresentar. Precisamos sempre nos esforçar para nos tornarmos a pessoa com quem gostaríamos de nos relacionar. Porque de nada adianta listar todas as características importantes que desejamos em um parceiro, estabelecer padrões altos e não aceitar menos, se não procuramos dentro de nós e nos esforçarmos para nos tornarmos a pessoa com quem gostaríamos de ter uma relação; não estaremos nem perto de ter o relacionamento que desejamos ter. A pessoa que se dispõe a se olhar no espelho e crescer está mais perto de ter o relacionamento que deseja.

Dentro de todos nós há uma criança que deseja desesperadamente ser amada por um parceiro, da mesma forma que um pai idealmente nos ama: incondicionalmente. O amor romântico vem sempre acompanhado de condicionantes. Não podermos estar sempre de mau-humor, estressados e calados e esperar que alguém simplesmente nos ame de qualquer jeito.

Quando Lauren terminou de falar, perguntei a ela:

— Você já fez isso antes, nos seus relacionamentos anteriores? — Eu tinha quase certeza de qual seria a resposta dela.

— Fiz. — Ela afundou na cadeira, o que a fez parecer pequena e derrotada.

— Você sofre de *acomodaçãozite* — eu lhe disse, com um sorriso.

— O quê?

— Você se sentiu confortável e começou a tratar a Jess como se ela nunca fosse deixar você.

— Foi exatamente isso! — Lauren se endireitou na cadeira. — Como me curo disso? Talvez eu deva ir para um retiro de ioga.

Soltei uma gargalhada. Como alguém que já foi professora de ioga e organizou vários retiros, eu sabia muito bem quantas pessoas participavam de retiros para se "curar". Para ser justa, um bom retiro de ioga pode nos ajudar a renovar nossas energias físicas mentais e espirituais, mas não é a resposta quando queremos romper com padrões de relacionamento. Lauren conseguiu administrar suas emoções com mais efetividade no início porque estava motivada por se tratar de um novo relacionamento. Mas ela, assim como muitos de nós, perdeu a motivação porque acreditou que a relação continuaria forte sem que ela precisasse fazer nada. Nós nos tornamos complacentes e retomamos padrões que conhecemos. Mas e se pudéssemos continuar motivados em benefício próprio *e* do relacionamento, mesmo depois de meses e anos de relação?

Lauren nunca havia tido dificuldade para atrair interesses amorosos. Sua energia extrovertida era como um afrodisíaco para muitas mulheres, e sua atitude calorosa e brincalhona nas interações contribuía para seu charme sedutor. Entretanto, todos os seus quatro relacionamentos anteriores — incluindo aquele com Jess — terminaram poucos meses depois. Todos eles tinham uma história semelhante: começavam fortes e, depois de alguns meses, Lauren deixava de ser calorosa, brincalhona e cheia de energia; suas parceiras ficavam frustradas; elas começavam a brigar; e acabavam terminando. Dessa vez, Lauren já tinha percebido que o denominador comum em seus relacionamentos era ela. Não era como se as namoradas dela fossem perfeitas, mas Lauren se conhecia o suficiente para compreender que tinha um padrão destrutivo nos seus vínculos amorosos.

Talvez você pense que Lauren era um tipo de narcisista que bombardeia de amor seus interesses amorosos; alguém que premeditava suas seduções de maneira estratégica, dando atenção e elogiando possíveis parceiras para em seguida descartá-las, quando conseguisse "conquistá-las". Ou talvez você ache que Lauren não era autêntica e exagerava para fazer as pessoas gostarem dela, e quando se sentia confortável a verdadeira Lauren aparecia. A verdade sobre ela, no entanto, era que sua versão "verdadeira" *era* calorosa, divertida brincalhona e cheia de energia. Ela, como muitos de nós, também estava suscetível ao estresse e a lidar mal com ele. O mais importante, porém, era que Lauren antes não tinha consciência de que seus estados emocionais impactavam seus relacionamentos e que ninguém além dela era responsável por isso.

A verdade é que somos responsáveis pela maneira como nos apresentamos em nossos relacionamentos. Precisamos parar de correr atrás daquilo que faz nosso olho brilhar e dá significado a nossas vidas só porque estamos em uma relação. E a parte mais difícil para a maioria de nós é entender que precisamos levar esse brilho para casa e para nosso parceiro em vez de dividi-los apenas com amigos, colegas de trabalho ou estranhos. Quando damos a melhor parte de nós para todo mundo menos nosso parceiro, estamos lentamente destruindo nosso relacionamento.

— Você não precisa ir a um retiro de ioga, Lauren, e não precisa se tornar uma pessoa melhor. Você só tem o péssimo hábito de não valorizar seus relacionamentos e de acreditar que não será cobrada por isso. Você, como muitos de nós, esquece que a relação precisa ser cultivada, e que a melhor forma de fazer isso é cultivando o relacionamento que temos conosco. A sua parceira não é responsável por aliviar o seu estresse — eu disse a ela.

— Ai, meu Deus! — Lauren gritou. — Meus pais são exatamente assim. Eles são tão mal-humorados um com outro. Quero dizer, eles conseguiram continuar casados por quarenta anos, mas eu nunca os vi sendo amorosos um com outro, sabia? Desde sempre, eles implicam um com outro. Eles não são, como posso explicar... *afetuosos* entre si. Além disso, para ser sincera, os dois *vivem* estressados. Minha mãe está sempre estressando por coisas pequenas e meu pai está sempre estressado com o trabalho. Sempre foi assim.

— Parece que seus pais, assim como muitos pais, não tiveram as ferramentas necessárias para lidar com o estresse e a sobrecarga que sentem. Essa é uma percepção importante sobre a sua infância, Lauren — eu a elogiei. — Então, a partir de agora você tem a oportunidade de fazer diferente. Agora você tem consciência. Eu vou lhe dar algumas ferramentas e você só precisa usá-las. Você só precisa se esforçar para fazer aquilo que te ajuda a se sentir mais equilibrada, para depois poder levar essa boa energia para a sua relação. Mas lembre-se, Lauren, de que às vezes você vai ficar de mau humor. Você vai se sentir estressada e para baixo de vez em quando. Você é humana. O segredo é prestar mais atenção para tentar não sobrecarregar seu relacionamento, deixando de cuidar de si mesma e esperando que a sua parceira simplesmente lide com tudo. Você não espera que seus colegas de trabalho *simplesmente lidem com tudo*, certo?

— Não, nunca — ela admitiu.

Dois dias depois, Lauren se encontrou com Jess e pediu desculpas por não valorizá-la e por esperar que ela a fizesse se sentir melhor.

Três semanas depois da nossa sessão, Lauren me informou que ela e Jess felizmente tinham reatado. No entanto, Lauren não só consertou seu relacionamento como também se esforçou para consertar outras partes de sua vida para descobrir uma versão melhor de si mesma de dentro para fora. A carta a seguir me foi enviada por ela:

Querida Jillian,

Queria agradecer do fundo do meu coração por me ajudar a salvar o meu relacionamento com a Jess. Mas a verdade é que o que você fez foi me ajudar com o meu relacionamento comigo mesma. Desde a nossa conversa, eu dei uma longa e honesta olhada no espelho e percebi que sabotei meus relacionamentos durante toda a minha vida adulta. Eu esperava que meus amigos me amassem, mesmo quando passava dias sem responder mensagens deles ou desmarcava com eles o tempo todo. Toda vez que voltava para casa para as festas de final de ano, me tornava uma adolescente mal-humorada e difícil de conviver. No trabalho, eu estava presente, era atenciosa e gentil; mas, assim que chegava em casa e encontrava Jess, começava a agir como se ela fosse um estorvo e eu só quisesse ficar sozinha. Por isso, segui seu conselho e fiz algumas mudanças. Comecei tentando lidar melhor com meu estresse. Hoje, medito todo dia, comecei a comer melhor (menos açúcar e cafeína!) e a nadar quatro vezes por semana. Já me sinto tão melhor. Também passei a tratar as pessoas que amo como se pudesse perdê-las a qualquer momento — do jeito que você falou. Isso me ajudou demais. Jess e eu estamos muito bem.

Muito obrigada, Jillian, por me colocar na frente do espelho. Serei sempre grata.

Lauren

Essa carta foi escrita há três anos, e Lauren e Jess continuam juntas.

O espelho

Os relacionamentos amorosos são como um espelho: eles nos mostram quem somos e onde precisamos melhorar. E todos precisamos melhorar. Todos precisamos nos esforçar para parar de nos comportar como crianças toda vez que encontramos gatilhos. Precisamos nos esforçar para curar partes de nosso passado. Precisamos nos esforçar para assumir a responsabilidade quando o que mais queremos é culpar os outros. Não conheço uma única pessoa que não precise aprender a se comunicar melhor e se esforçar para colocar isso em prática. As pessoas normalmente acham que, quando finalmente conhecerem a pessoa certa ou seu parceiro finalmente mudar, não vão precisar mais se esforçar. Isso não é verdade. Mesmo tendo o melhor parceiro do mundo, ainda assim precisamos nos encarar — e, quando fazemos isso, precisamos confrontar gerações de condicionamentos, que nos foram passados pela nossa família e pela sociedade. Condicionamentos que nos convenceram de que não é seguro nos mostrarmos vulneráveis e abrir nosso coração, porque podemos ser abandonados ou alguém pode querer nos mudar. Condicionamentos que nos ensinaram que não precisamos tratar nossos parceiros como bênçãos, mas sim como algo que está garantido. Condicionamentos que nos treinaram para acreditar que a "pessoa certa" é responsável por nos fazer felizes.

Escolher a pessoa com quem dividir a vida é uma das decisões mais importantes que você precisará tomar. Na verdade, considere todas as decisões importantes que você já tomou e some-as — nenhuma delas nunca será tão importante quanto decidir com quem dividir sua vida. Porém, igualmente importante é a decisão de sempre apresentar a melhor versão de si mesmo. Um motivo muito comum para que as pessoas repitam padrões em seus relacionamentos é que não basta trocar de parceiro. Nós nos levamos para aonde formos. Então, embora encontrar um novo parceiro possa ser *muito* necessário, precisamos escolher essa pessoa como alguém que já se olhou no espelho e encarou o desafio de crescer.

Seu Eu Inferior x seu Eu Superior

Nenhum de nós é perfeito. Todos temos dores e hábitos ruins. E todos tememos não sermos suficientes de alguma forma.

Dentro de todos nós há uma criança assustada, desesperada para ser amada e se sentir segura. Mas também temos dentro de nós uma consciência sábia que tem certeza — e confia no seu valor. Você pode chamar de voz interior, sua intuição, sabedoria paterna, o curandeiro, o sábio ou o místico. Ou pode chamar do seu Eu Superior. Essa é a parte de nós que não está constantemente em busca de controle e de se sentir boa o bastante. Pelo contrário, ela costuma estar calma, presente e confiante. Às vezes é brincalhona e apaixonada. Essa é a parte de nós que responde em vez de reagir; que prefere o amor ao medo, que prefere seguir em frente a de guardar rancor. É a parte de nós que é gentil e compassiva conosco e com os outros.

O seu Eu Superior sabe que é suficiente. Ele se arrisca e está disposto a se mostrar vulnerável. A sua melhor versão se comunica com honestidade; prioriza restabelecer conexões depois de conflitos, em vez de culpar os outros; escuta os outros e pede desculpas sinceras quando erra. O seu Eu Superior procura entender os outros ao invés de julgá-los; tem senso de humor e não se leva tão a sério. O seu Eu Superior sabe o que é melhor para você; sabe o que o faz feliz e o que tira sua paz.

O seu Eu Superior é o seu Eu mais autêntico, e ele está *sempre* disponível para você, da mesma forma que o meu está sempre disponível para mim.

Como argumentei na Verdade 2, as maiores batalhas que enfrentamos são contra nós mesmos. Decidir ser nosso Eu Superior nem sempre é fácil. Exige disciplina e o mais importante: um desejo forte e inabalável de se sentir e ser melhor. Quanto mais pudermos procurar dentro de nós para encontrar aquela parte de nós que é mais sábia, gentil e estável, e colocá-la no comando, melhor será o nosso relacionamento conosco. Da mesma forma que, quanto melhor for nosso relacionamento conosco, melhor será a nossa relação com o outro.

É muito mais fácil sermos nossa melhor versão quando estamos com determinados amigos, ajudando um estranho ou sozinhos fazendo aquilo de que gostamos. No entanto, o desafio se torna grande quando o interesse amoroso, parceiro ou membro da família faz algo que acaba sendo um gatilho para nós. O modo como respondemos a esse gatilho é o principal teste da nossa maturidade; e nós *vamos* falhar nesse teste muitas vezes. Aprender a responder com o nosso Eu Superior em vez de reagir com o nosso Eu Inferior vingativo e arrogante exige bastante autoconhecimento e ainda mais prática. No fim do capítulo, vou dar ferramentas para você praticar essa habilidade.

Todos temos dores. Todos temos traumas, e alguns de nós passam tanto tempo em modo de sobrevivência que se esquecem como é não estar constantemente em busca de segurança. (Falarei mais sobre esse problema no final do capítulo.) Além disso, as redes sociais condicionaram as pessoas a ficar obcecadas pela necessidade de validação para que possam se sentir bem consigo mesmas. Estar sempre comparando a própria vida, o seu corpo e o seu relacionamento com os do outro fez as pessoas ficarem completamente consumidas por si mesmas e por sua aparência em vez de se tornarem pessoas melhores e ajudarem os outros. Nossas inseguranças, dores e medos são o que nos torna seres humanos, mas também significam que todos temos um Eu Inferior que pode ser imaturo, rancoroso, invejoso e inseguro. Quando somos levados ao limite de nossas inseguranças e só conseguimos pensar na nossa necessidade de nos sentirmos validados e importantes, podemos facilmente nos comportar de maneiras que não estão à altura do nosso caráter.

O nosso Eu Inferior é a parte de nós que nos sabota. Nosso sabotador interior vai punir nosso parceiro pelos erros cometidos pelo nosso ex. Vamos culpar nosso parceiro por nos fazer sentir inseguros, quando foi esse mesmo sentimento que nos fez entrar naquele relacionamento. Vamos nos fechar porque é o que os nossos pais fizeram. Vamos criticar porque é o que nossas mães faziam. Vamos agradar as pessoas porque é o que fazíamos na infância, e funcionou na época. Quando o assunto é ser um adulto maduro em um relacionamento, é essencial que tenhamos maior consciência de quando estamos vendo, julgando, reagindo e sentindo nossos parceiros ou interesses amorosos pelo filtro de nosso passado.

O nosso Eu Superior assume a responsabilidade pelas nossas projeções, culpas e punições atribuídas injustamente. Quando agimos de acordo com os nosso Eu Superior, conseguimos dizer: "Não é você. Sou eu. É o meu medo; o meu gatilho. Sinto muito. Eu te amo". Esse é o objetivo que todos devemos ter — sempre.

Todo casal com quem já trabalhei me procurou porque um

acreditava que o outro precisava mudar; porém, a maioria dos *coaches* de relacionamento e terapeutas sabe que a verdade é que, quase sempre, se você quer mudar o outro, precisa dar o primeiro passo.

Jason e Rachel, um casal de trinta e poucos anos que me encontrou no Instagram, pediu minha ajuda porque ambos estavam crentes de que o problema estava no outro. Embora eu soubesse que os dois eram pessoas boas que queriam melhorar, trabalhar com eles foi como lidar com dois adolescentes de 16 anos que estavam tentando salvar seu relacionamento.

De acordo com Jason, sempre que ele e Rachel discutiam, ela o culpava e o afastava. Ela alegava que precisava de espaço e questionava o relacionamento, o que funcionava como gatilho para a insegurança dele. Jason achava que Rachel agia como se toda discussão fosse culpa dele, e achava que ela não assumia a responsabilidade por sua contribuição para os problemas dos dois.

Para Rachel, Jason era tenso demais. Ela gostava de deixar as coisas acontecerem, e ele gostava de estar no controle. Ele era rígido com relação a planos e inflexível quando discutiam. Uma das maiores queixas de Rachel era que ele nunca a escutava. Quando ela falava, ele parecia estar em outro lugar.

Por mais que achemos que não, atraímos pessoas que estão no mesmo nível de maturidade e autoconhecimento que nós. Ainda que Jason e Rachel fossem pessoas muito diferentes, com diferentes modos de lidar com conflito, eles ainda eram muito, muito imaturos. Eles acreditavam que o outro era o problema e não queriam se responsabilizar pelo papel que desempenhavam naquela dinâmica, que não estava mais funcionando.

Durante nossa sessão por vídeo, percebi vários comentários irônicos e olhos revirando vindos de ambos. Houve várias interrupções. Nenhum dos dois ouvia o outro. Eram duas pessoas em um relacionamento de Eus Inferiores. Ambos sentiam que não eram vistos nem ouvidos, e estavam tratando o amor como se fosse um negócio:

Posso coçar suas costas, mas só se você coçar as minhas primeiro. Se você vai agir como uma megera, eu vou ser um babaca. Os sabotadores interiores dos dois estavam no controle. Eles estavam punindo um ao outro, não se responsabilizando e focando apenas as próprias necessidades, sem prestar atenção nas necessidades do outro.

Eu disse:

— Gostaria que vocês me contassem sobre um momento no qual vocês estavam se dando muito bem.

Jason descreveu o fim de semana anterior.

— Eu fui buscá-la em casa e fomos almoçar no restaurante favorito dela. Rimos, brincamos, depois fomos até a praia. Estávamos relaxados. Ela estava de bom humor. Eu estava de bom humor. Estávamos simplesmente aproveitando a vida juntos.

Quando olhei para Rachel, ela estava balançando a cabeça, concordando.

— Agora me contem o que acontece quando as coisas desandam entre vocês — pedi.

— Bom, um dia desses eu acordei não me sentindo muito bem. Tinha ficado menstruada. Tive um dia muito, muito difícil no trabalho — Rachel disse. — Não estava com vontade de fazer nada. Só queria ir para casa e relaxar. Quando conversamos pelo telefone naquela noite, ele ficou me perguntando: "O que aconteceu? Qual é o seu problema?", como se estivesse irritado *comigo* por eu não estar de bom humor. Eu só queria que ele me deixasse em paz.

— E eu deixei você em paz.

— Deixou, mas aí ficou, sei lá, *dois dias* sem me ligar. E você geralmente me liga várias vezes por dia.

Jason revirou os olhos.

Eu assisti enquanto os Eus Inferiores deles implicavam e ficavam de picuinha um com o outro na minha frente.

— Podem parar. Queria que vocês pudessem se ver agora. Vocês não estão exaustos?

Ambos me olharam como quem é flagrado fazendo algo errado.

— Está na hora de fazer uma coisa diferente — eu disse. — Vocês vão ficar de pé. Jason, vá dar uma volta no quarteirão. Rachel, vá beber um copo d'água e ficar alguns minutos sozinha no seu quarto para respirar e se acalmar. Quando vocês voltarem, daqui a cinco, dez minutos, quero que voltem como se tivessem 70 anos; como se já tivessem vivido uma vida inteira e acabado de se dar conta de que não têm muitos anos pela frente.

Eles fizeram isso.

Quando se sentaram novamente, lembrei a eles:

— Vocês têm setenta e poucos anos, netos. Nesta altura da vida, sabem o que realmente é importante e o que não é. Já perderam amigos, já perderam seus pais. Passaram por muita coisa, e estão mais conscientes do que nunca da própria mortalidade. O que gostariam de dizer um ao outro?

Rachel começou:

— Eu sinto que se você sempre...

Interrompi para lembrá-los das regras de comunicação:

— Usem "Eu" e não "Você". Evitem palavras como "nunca" e "sempre", bem como a frase "você me fez sentir". Quero que você se concentre no jeito como *você se sente*, e não no que *ele está fazendo* — digo a Rachel.

Ela recomeçou:

— Às vezes me sinto sobrecarregada e triste porque acho que você não me entende. Às vezes só quero poder ter um dia difícil e sem ficar me preocupando com o quanto isso vai te estressar.

Ele começou a interrompê-la e eu disse:

— Você não tem permissão para falar agora. Você se torna um parceiro que passa segurança quando ela sente que pode compartilhar seus sentimentos com você, sem ficar com medo de você julgá-la ou desmerecer o que ela está sentindo.

— Às vezes fico sobrecarregada porque gosto de deixar as coisas acontecerem, e quando você se solta comigo acho que nos divertimos juntos, mas fico frustrada quando você se mostra inflexível, e não sei lidar com isso. Isso é uma coisa na qual eu preciso melhorar.

Eu elogio Rachel por assumir a responsabilidade por suas dificuldades.

— E, então, quando me sinto sobrecarregada, a coisa mais fácil para mim é afastá-lo, porque assim não preciso lidar com a situação. — Rachel começa a chorar e me diz: — Sinto que estou sendo rejeitada e o meu impulso é simplesmente ficar com raiva e afastá-lo.

Enquanto ela falava, eu observava Jason com atenção. Analisava sua linguagem corporal, em busca de qualquer tipo de reação. Observava sua respiração. Quando percebia que seu corpo ficava tenso e ele se mostrava reativo, eu o lembrava de relaxar o corpo, ouvi-la com atenção e se conectar com a dor dela, em vez de ficar planejando sua resposta. Eu estava fazendo os dois praticarem a empatia: falar um com o outro de um jeito diferente e responder com compaixão.

Quando nos responsabilizamos e comunicamos nossos sentimentos em vez de culpar o outro, deixamos mais fácil para nossos parceiros terem empatia conosco. Nós bloqueamos a empatia quando tudo o que fazemos é culpar um ao outro.

Em seguida, pedi a Jason que repetisse para mim o que tinha ouvido. Ele admitiu:

— Acho que ela está certa quando diz que tenho uma certa mania de controle e costumo ficar preso nos meus pensamentos. Se ela não está muito bem, sinto como se o lugar estivesse bagunçado e eu não conseguisse arrumar. Uma parte de mim simplesmente se fecha para ela.

Finalmente um pouco de autoconhecimento estava começando a aparecer.

Jason disse para Rachel:

— Agora estou vendo que, quando sinto que você tenta me

afastar, a minha única vontade é te punir deixando de ser atencioso com você ou simplesmente agindo como se não me importasse. Fico muito irritado quando você tem muitas mudanças de humor. Acho que não as entendo muito bem. E então eu fico me perguntando se fiz alguma coisa errada para *fazer* você se sentir mal, *depois* fico com medo de você tentar me afastar até chegar ao ponto de a gente terminar. Para falar a verdade, acabo querendo me vingar de você e fazer *você* se sentir tão insegura quanto eu *me* sinto.

Fiquei muito impressionada com a honestidade dele. Talvez nem tudo estivesse perdido entre os dois.

A verdade é que as pessoas não se sentem motivadas a mudar seu comportamento quando sentem que estão sendo punidas; elas se sentem motivadas quando recebem reforço positivo. Você nunca vai conseguir fazer seu parceiro mudar tentando puni-lo, e nunca vai conseguir receber mais amor tentando "se vingar" dele.

Definitivamente, ajudei Rachel e Jason a aprender a se comunicar com mais honestidade um com outro, a parar com o joguinho de culpa e a crescer.

Pedi a Jason que desse espaço para Rachel sentir todo tipo de emoção. E que, quando ela estivesse de mau humor, por qualquer que fosse o motivo, ele não levasse para o lado pessoal nem tentasse reverter a situação.

A tarefa de Rachel era ser mais comunicativa quando estivesse de mau humor, em vez de simplesmente tentar afastá-lo. Eu a incentivei a comunicar o que queria, e não simplesmente se fechar.

A tarefa deles como casal era ser mais gentil nas trocas, tranquilizar um ao outro e parar de se punir reciprocamente. Eu sabia que não seria fácil e que crescer não que acontece da noite para o dia. Ambos teriam que *querer* ser seus Eus Superiores no relacionamento. Se eles não tivessem aquele objetivo para si mesmos, não mudariam.

Pedi que eles escolhessem uma palavra que funcionasse como

uma senha a ser dita quando um ou os dois notassem que estavam retrocedendo aos seus padrões anteriores. Eles então fariam uma pausa e voltariam com a sabedoria dos seus Eus Superiores.

Uma ótima forma de interromper um padrão é usando o humor. Como ambos tinham um senso de humor parecido, eu os incentivei a usar o humor para quebrar o padrão de vez em quando. Rir é o que traz as pessoas de volta para o momento presente.

Para ser sincera, por mais impressionada que estivesse com o autoconhecimento deles, eu não tinha tanta certeza se eles tinham a maturidade necessária para romper com seus padrões. Por outro lado, sabia que, se ele se esforçassem agora, isso os ajudaria em relacionamentos futuros.

Não podemos melhorar nossa vida amorosa se não reconhecermos e confrontarmos o sabotador que vive dentro de nós. Todos temos um sabotador interior, que geralmente é nosso adolescente (ou nossa criança) interior, que ainda está em busca de maneiras de se autoproteger do sofrimento. Como nossos lados imaturos e magoados estão sempre em busca de segurança, eles destruirão qualquer coisa que os esteja impedindo de encontrá-la.

Nossos sabotadores interiores têm a melhor das intenções: nos proteger das mágoas. Portanto, se simplesmente rejeitarmos e odiarmos essa parte de nós, vamos tornar impossível alguém nos aceitar ou nos amar por inteiro. Assim que compreendemos sua intenção, as partes mais sábias de nós podem intervir e se tornar um mentor, com um pai, para o nosso sabotador interior e reconhecer seus sentimentos e dores, sem permitir que ele assuma o controle.

Alguns sabotadores vão deixar de responder ou evitar se comunicar. Alguns vão trair. Alguns, como o sabotador interior da Lauren, vão ficar acomodados demais e deixar de tentar. Outros, como os sabotadores de muitas das minhas clientes, vão ocorrer atrás de homens indisponíveis e questionar o caráter daqueles que estão disponíveis. Também existem aqueles sabotadores como o da Jennifer, da Verdade 1, cujo ciúme causava discussões desnecessárias com seus parceiros.

A única forma de proteger nossos relacionamentos dessa nossa parte é estar consciente da sua existência, agradecê-la por tentar nos manter a salvo e, em seguida, depois de respirar fundo, gentilmente e intencionalmente tirá-la do comando e entregá-lo para o nosso Eu Superior.

Medo, egoísmo e a pessoa que pune

Amar uma pessoa egoísta é sinônimo de sofrimento. Quando dizemos que alguém é tóxico ou tem tendências narcisistas, o que estamos realmente descrevendo é alguém que só pensa em si mesmo e no que pode obter dos outros. No entanto, a dura verdade é que até mesmo a pessoa mais amorosa e generosa do mundo pode ser egoísta de vez em quando, principalmente quando teme perder o amor e a atenção de quem mais ama, sobretudo se for seu parceiro amoroso. É por isso que precisamos reconhecer quando podemos ser egoístas em um relacionamento. É isso que significa ter autoconsciência.

Nossos relacionamentos determinam nossa felicidade na vida. Mesmo quando temos saúde física, nosso trabalho vai bem e temos dinheiro no banco, se nossos vínculos mais importantes estiverem passando por momentos difíceis, vamos sofrer. Em especial, quando nosso relacionamento amoroso passa por dificuldades — se nos sentirmos inseguros, magoados ou com medo de aquela relação terminar —, isso vai funcionar como um gatilho para que entremos em modo sobrevivência. Uma vez nesse modo, ficamos obcecados em ter nossas necessidades supridas, principalmente a necessidade de nos sentirmos seguros, conectados e livres (quando nos sentimos controlados). Quando ficamos obcecados em ter nossas necessidades atendidas, deixamos de nos preocupar com dar o que o outro pode estar precisando receber de nós; pensamos apenas em ganhar. Nós nos tornamos egoístas. Os relacionamentos fortes e saudáveis exigem que transcendamos nosso instinto primitivo de autoproteção e de suprir nossas necessidades, para que, ao em vez disso, possamos recorrer à parte de nós que deseja reparar, ver pelo ponto de vista do outro e suprir as necessidades dele também. Essa parte de nós é o que chamamos de Eu Superior.

Quando você fica estressado e com medo em seu relacionamento, passa a adotar o padrão inconsciente, que desenvolveu para se proteger da dor emocional. O paradoxo, no entanto, é que aquilo que fazemos como forma de autoproteção em uma relação geralmente é o que sabota a conexão com nossos parceiros.

O Eu Inferior não tem relação com sentir nossas emoções difíceis ou nosso medo. Ele é o modo como reagimos ao nosso medo; é o nosso comportamento.

O que você faz quando sente medo? Você regula seu amor e sua atenção? Você se fecha para seu parceiro? Tenta fazê-lo se sentir inseguro para não se sentir tão inseguro sozinho? Decide não responder às mensagens dele, deixando-o em suspense por algumas horas? Você dá ao seu parceiro um tratamento de silêncio? É curto e grosso quando responde? Critica ou julga?

Às vezes o Eu Inferior diz: *Não quero conversar agora. Não quero ser incomodado por você. Não quero deixar que você entre no meu coração. Não quero estar aberto para você. Não quero ser honesto com você.*

A punição não leva a um relacionamento saudável e forte. Um relacionamento saudável e forte não tem a ver com "se vingar" de alguém. Para acabar com o punidor que vive dentro de nós, precisamos entender por que ele está lá — porque nos sentimos magoados, ignorados e inseguros. Precisamos parar de manipular nossos parceiros em vez de sermos abertos e honestos na nossa comunicação.

Não podemos punir alguém que amamos sem nos punir também. Quando fazemos isso, só estamos criando mais distância entre nós e o outro, quando o que realmente precisamos é construir pontes que nos levem até ele. Para fazer isso, precisamos acionar nosso Eu Superior. O nome disso é intimidade.

A autoconsciência é um superpoder dentro de um relacionamento

Ter autoconsciência em um relacionamento é reconhecer quando nossas mágoas passadas e estados emocionais estão controlando nossos pensamentos e comportamentos hoje. É ser capaz de perceber de que maneira nossas inseguranças interferem na habilidade que temos de nos conectarmos com nossos parceiros, e como nossa energia e nosso comportamento impactam nossos entes queridos e, consequentemente, nosso relacionamento com eles. Como você leu anteriormente, os vínculos amorosos são um espelho; não importa se é o relacionamento certo ou o errado, esse espelho vai nos mostrar onde precisamos melhorar. Em outras palavras, quando você se deparar com um gatilho e começar a agir como um adolescente de 12 anos, essa é uma oportunidade de olhar para dentro e dizer: *Está tudo bem. Isso é coisa minha. Qual é a minha dificuldade neste momento?*

Ter autoconsciência é notar: *Nossa, estou fazendo aquilo de punir o outro com o meu silêncio* — e depois se dar conta de que *Eu não quero ser essa pessoa. A pessoa que quero ser em um relacionamento não faz isso.* É se conscientizar do seu padrão e em seguida se educar. É ter disciplina, maturidade e autocontrole. Não podemos esperar autocontrole de uma criança; ela ainda não é um ser humano completamente desenvolvido. É um desenvolvimento apropriado para qualquer pessoa com menos de 25 anos, antes que seu córtex pré-frontal esteja completamente desenvolvido, não ter controle de si mesmo. Por outro lado, deixa de ser um desenvolvimento apropriado para adultos, com cérebros completamente formados, não ter autocontrole. No fim deste capítulo vou falar mais sobre como você pode regular melhor suas emoções.

A autoconsciência é um superpoder em um relacionamento, e todo mundo pode melhorar quando o assunto é sua própria autoconsciência. O que constrói esse superpoder? Se olhar no espelho e estar disposto a enxergar o que é refletido de volta: a parte boa, a nem tão boa, a dor e a complexidade. É prestar atenção no modo como nossa energia — positiva ou negativa — afeta o ambiente. Com certeza existem aqueles que têm pouca ou quase nenhuma autoconsciência, e essas pessoas são aquelas com as quais você não quer estar em um relacionamento. São pessoas controladas pelo seu Eu Inferior. Elas não têm nenhuma noção de como suas ações, seus comportamentos e seus pensamentos impactam o ambiente e as pessoas ao redor. Elas culpam os outros pelos seus erros e evitam assumir a responsabilidade; portanto, enfrentam enormes dificuldades para manter relações interpessoais fortes. Como não têm consciência de si mesmas, não são capazes de evoluir emocionalmente.

O caminho direto para o inferno em um relacionamento está pavimentado com pessoas charmosas que não investiram em si mesmas e, portanto, não têm autoconsciência; que acreditam que o amor é apenas algo para ser obtido e não algo para ser dado.

Superando a sensação de impotência

Recentemente recebi uma pergunta de uma ouvinte do meu *podcast, Jillian on Love* [Jillian falando sobre amor, em tradução livre]:

Como se curar de uma desilusão amorosa, quando grande parte do problema era você? Estilo de apego ansioso, ciúme, uma enorme insegurança, extremamente dependente dele etc. Meu noivo terminou comigo há três meses, depois de três anos juntos.

Quando respondi para essa ouvinte, foi isso que lhe disse: Para se curar desse tipo de desilusão amorosa é preciso autoestima, amor-próprio, e ter consciência do seu valor. O caminho para a cura começa dizendo "sim" para a jornada que está diante de você; uma jornada na qual você vai aprender a se ancorar emocionalmente, a se amar e a suprir suas necessidades. Só depois você vai conseguir estar em um relacionamento no qual precise de alguém porque ama esse alguém (nas palavras de Erich Fromm), em vez de amar essa pessoa porque precisa dela. Aprender a precisar de alguém porque você o ama, e não o contrário, é aprender a linguagem do amor.

Para isso, você precisa descobrir um modo de suprir sua necessidade de se sentir mais segura, para que não se sinta tão impotente em um relacionamento; porque é disso que se trata quando sentimos esse nível extremo de insegurança. Não importa como chamamos — apego ansioso, ciúme, dependência extrema, ou carência — o que realmente estamos sentindo é impotência; e nós não falamos o suficiente sobre esse sentimento.

Não sei como essa jornada será para você. Talvez você precise encontrar outro emprego; investir em uma carreira específica; aprender a ganhar o próprio dinheiro. Talvez tenha a ver com você finalmente decidir perseguir determinados sonhos, que foram deixados de lado porque você não queria assumir certos riscos.

No entanto, essa jornada é definitivamente sobre você aprender a se comunicar, em vez de reagir demonstrando carência ou ciúme. Isso vai exigir que você aprenda a se acalmar quando se sentir fora de controle e a lidar com o desconforto quando se deparar com algum gatilho. Você não vai se curar da noite para o dia.

Você também precisa ter alguém na sua retaguarda, seja um terapeuta ou uma pessoa em quem confie, que possa ser a voz da razão quando você se sentir insegura. Você precisa ser capaz de perguntar para essa pessoa: *Será que estou sendo ciumenta demais ou isso é algo em que realmente deveria estar prestando atenção?*

Essa jornada envolve desaprender tudo o que a faz se sentir

profundamente incompleta quando não está em um relacionamento. É a jornada na qual vale a pena embarcar. É esse o caminho que está acenando para você agora. E eu gostaria que você fosse muito gentil com a parte de você que contribuiu para o fim desse relacionamento. Sei que isso vai ser difícil, mas talvez ser mais gentil consigo mesma faça parte daquilo que você precisa aprender.

Esse é um sinal de alerta importante. E o que ele está dizendo é: *Não aguento mais me sentir tão impotente nos relacionamentos. Preciso descobrir o que realmente devo fazer; o que a vida quer de mim, para que eu possa começar a me proteger e me sentir mais inteira.*

Olhar no espelho e nos confrontar exige uma grande dose de coragem. A parte de nós que faz coisas que não condizem com nosso caráter é reativa e sabotadora, e precisa da nossa atenção. O que essa parte de nós está tentando nos ensinar? O que pode ser esclarecedor e que precisamos levar em consideração? Se você está em uma situação semelhante, e sabotou um relacionamento, bem-vindo ao clube. Não há motivo para se envergonhar. O objetivo é estudar e aprender com essa experiência, para que você possa escolher um caminho melhor e dizer "sim" para a jornada em direção ao seu Eu Superior.

PRATICANDO ESSA VERDADE

Identifique seu sabotador interior
Quando fica irritado, estressado, quando se sente inseguro, quando se vê diante de um gatilho, o que você costuma fazer como forma de autoproteção?

Você passa a regular sua atenção e seu amor?

Você se torna controlador e possessivo?

Você tenta fazer seu parceiro se sentir inseguro?

Você se afasta?

Você grita?

Você demonstra carência?

Você se isola do seu parceiro?

Você para de cuidar de si mesmo?

Você se fica muito acomodado?

Você para de agir como a pessoa que era no início do relacionamento?

Você fica mal-humorado e desconta no seu parceiro?

Você sente a necessidade de estar certo o tempo todo?

Como você regula sua compaixão, amor, atenção e empatia quando se vê diante e sob a influência de um gatilho?

Como acessar o seu Eu Superior

Sempre tive inveja das pessoas tranquilas, calmas e controladas; aquelas que não são facilmente controladas pelas emoções e que são capazes de responder com calma aos desafios difíceis.

Sempre fui do tipo sensível e reativo. Quando era criança, sentia demais todas as minhas emoções. Se ficava frustrada, eu explodia e tinha acessos de raiva. Quando ficava com raiva, eu gritava. Felizmente meu comportamento reativo melhorou com a idade. Ainda sinto tudo intensamente, mas passei a vida inteira praticando fazer uma pausa antes de reagir. Às vezes eu não consigo. Mas sigo praticando.

Você pode acessar o seu Eu Superior, primeiro, tomando consciência de quando ocorre uma perturbação ao seu bem-estar interior; em seguida, no lugar de reagir a partir desse lugar de agitação, aprendendo a recuperar o equilíbrio.

A pausa entre o gatilho e a reação tem sido estudada e ensinada há séculos por mestres de ioga, monges budistas e psicólogos. A pausa acontece quando aprendemos a usar nossa respiração e a regular nosso sistema nervoso, para que possamos escolher com maior intenção nossa resposta, em vez de sermos controlados pela nossa reação emocional inicial. Viktor Frankl, autor de *Em busca de sentido*, é creditado por dizer "entre o estímulo e a resposta, existe um intervalo. Nesse intervalo está o nosso poder de escolher a nossa resposta. De nossa resposta dependem o nosso crescimento e a nossa liberdade".

Os relacionamentos podem funcionar como gatilhos, sobretudo os amorosos. É por isso que, para estar em um relacionamento, precisamos praticar nos tornar menos reativos; pausar antes de responder a um gatilho tem o poder de salvar um relacionamento da nossa reatividade.

Muitas pessoas sabotam seus relacionamentos porque são reativas demais. Aprender a respirar fundo, a dar um passo atrás e a nos autorregular para que possamos responder com calma é o que nos torna parceiros confiáveis.

Aprender a ser menos reativo e mais responsivo é uma das habilidades de vida e de relacionamento mais importantes nas quais vamos trabalhar. Mas lembre-se de que ela exige prática e não perfeição. Não vamos ficar bons nisso da noite para o dia. É preciso muita prática.

Aprender a ser menos reativo é como ganhar músculos. Precisamos de ações específicas e repetitivas com o objetivo de treinar nossos sistemas para pausar, quando nos vemos diante de gatilho, antes de responder.

Quando você se sente reativo, sem chão ou simplesmente "estranho", separe um momento para pausar e checar consigo mesmo. Pergunte-se: *O que realmente estou sentindo agora? Será que estou triste? Será que estou cansado? Será que estou bravo? Será que estou com medo?* Em seguida, cheque com seu corpo, para identificar os lugares onde se sente tenso. Pode ser na mandíbula. Pode ser na parte inferior da lombar. Pergunte-se: *Se minha mandíbula pudesse falar, o que ela diria? Se minha lombar pudesse falar, o que ela diria?* Essa é uma prática que nos permite nos sintonizarmos emocionalmente conosco; e, assim, começar a liberar qualquer tensão acumulada.

A seguir apresento outras práticas que podem ajudar:

- Procure ficar em silêncio com os olhos fechados por cerca de vinte minutos todos os dias.
- Movimente seu corpo diariamente: faça longas caminhadas, pratique ioga, alongue-se, dance ou pratique qualquer exercício físico que faça você se sentir mais ancorado.
- Limite o açúcar e a cafeína e se esforce para manter estáveis os níveis de açúcar no seu corpo.
- Descanse. O estresse e a exaustão tornarão você mais reativo.
- Antes de enviar aquela mensagem, pegar o telefone ou disparar aquele e-mail, espere. Espere por uma hora. Vá dar uma volta. Só depois decida. Essa pausa pode salvar o seu relacionamento.

Os relacionamentos podem ser gatilhos. Namorar pode ser um gatilho. A cura não está na ausência de gatilhos, mas sim em nos treinarmos para observar nossas mentes durante nossa tempestade de reatividade e escolher outro caminho.

Em um relacionamento, nossa prioridade deve ser a conexão: manter a conexão e restaurá-la quando ela for perdida. Assim, o que você pode começar fazendo hoje, em qualquer uma das suas relações, para construir uma ponte, ao invés de contribuir para a distância entre você e a pessoa de quem gosta?

Perguntas para reflexão

1. Descreva como seria sua melhor versão em um relacionamento. Como você gostaria de agir, amar, se comportar e se sentir?

2. Todos nós temos padrões reativos de comportamentos que são acionados quando não nos sentimos vistos, ouvidos ou valorizados. Quais são os seus gatilhos? Você demonstra carência? Se fecha? Regula a atenção para fazer a outra pessoa se sentir insegura? Faz uma combinação dessas coisas? Como isso tem impactado seus relacionamentos?

3. O ego diz: *Preciso ganhar essa briga. Estou certo. Minhas necessidades são mais importantes do que as suas. Preciso me proteger.* De que maneira o seu ego atrapalhou seus relacionamentos anteriores ou está atrapalhando o atual?

4. De que maneira sua necessidade de sentir validado e amado o impede de validar e amar seu parceiro?

5. Podemos facilmente nos sentir acomodados em nossos

> relacionamentos e deixar de valorizar o outro. De que formas você deixou de valorizar a pessoa que ama?

Não importa o que a outra pessoa esteja ou não esteja fazendo, o importante é que você possa olhar no espelho e dizer: *Fiz o melhor que pude. Eu me fiz presente. Investi no meu autoconhecimento. Fiz o que era necessário.* Poder dizer isso é muito importante para o amor-próprio e a autoestima; além disso, você verá que estabelecer um padrão para os outros é fácil, mas estabelecer um padrão para si mesmo muda tudo.

Podemos ficar presos demais nas nossas expectativas do outro; mas, quanto mais nos comprometermos a agir como os nossos Eu Superior em *qualquer* relacionamento, mais amadurecemos e evoluímos como pessoas. Nós nos tornamos mais conscientes. Sempre podemos escolher agir como nossa versão mais calma ou mais tranquila. Vamos ter lampejos de autoconhecimento quando percebermos que estamos com medo, estressados e desregulados. E é nesse momento que precisamos dizer: *Vou fazer uma pausa para voltar para essa conversa mais calmo; vou me exercitar para me acalmar; vou dormir um pouco para aliviar um pouco o estresse; vou ligar para um amigo; ou vou inspirar fundo e expirar lentamente, beber um gole d'água e responder de um jeito diferente.*

Precisamos ter autoconsciência para reconhecer quando não estivermos nos tratando ou à pessoa de quem gostamos como gostaríamos de tratar. E nesse momento é hora de reavaliar nosso comportamento e autocorrigi-lo, para que possamos acessar nosso Eu Superior. Eu disse e repito: você sempre terá essa escolha. Todos nós sentimos medo; todos temos traumas. Às vezes o medo e o trauma nos vencem. Isso se chama ser humano. Crescer exige praticar aos poucos, todos os dias, como responder aos gatilhos, que inevitavelmente encontraremos, de um jeito diferente. É questão de prática e não de perfeição.

Não importa o que seu parceiro, interesse amoroso, namorado ou membro da família esteja fazendo, pelo menos você poderá dizer: *Vejo onde está meu medo; vejo onde está meu ego; estou escolhendo me comportar de um jeito diferente. E quando eu falhar — porque eu vou falhar — vou simplesmente recalcular a rota.*

VERDADE 7

Você não pode convencer ninguém a te amar

Você não pode convencer ninguém a te amar. Essa é mais absoluta e dura verdade. É a regra do jogo, e não há como escapar dela. Não há Plano B, "e se", talvez e nem "veremos".

Por mais que "conquistar" o amor de alguém tenha sido romantizado no cinema e na literatura, o amor não é algo que conquistamos.

Quando alguém que você ama não retribui seu amor, você precisa deixá-lo ir. Não importa quem seja — seu parceiro, seu cônjuge, o pai ou a mãe dos seus filhos, sua amizade colorida —, você precisa deixá-lo ir. Ponto-final. Esse é o fim da história, porque *não existe* outra história quando uma pessoa não quer mais estar em um relacionamento com você. Não existe outra história quando alguém não quer se comprometer com você.

Eu sei que essa verdade dói; porém, assim como todas as outras verdades neste livro, essa também vai libertar você. Eu sei que é doloroso e desorientador ser rejeitado, principalmente se for por uma pessoa com quem você planejava dividir a vida. Quando essa pessoa diz "Acabou" ou "Estou indo embora", você não deve tentar convencê-la de que ela não sabe o que está fazendo. Não tente negociar, manipular, convencer ou fazê-la se sentir culpada. Não tente convencer ninguém a amar você, a prestar mais atenção em você, a enviar mensagens ou ligar para você. Não vai funcionar. Nunca funciona. Na verdade, o tiro vai sair pela culatra de todas as formas possíveis. Mesmo que você consiga convencer essa pessoa a ficar, não vai ser por muito tempo. Além disso, você vai estar simplesmente trocando seu medo de perdê-la pela dor de saber que precisou convencê-la a ficar, o que deixará você mais inseguro e desamparado.

Estado civil: "É complicado"

Pare de desperdiçar sua vida investindo em alguém que não está interessado em você. Se ele disse que que está passando por um divórcio e não está pronto para um relacionamento, acredite nele. Se tiver medo de compromisso, não é problema seu; não pense que com você será diferente, porque não será. Se ele tiver traumas demais para estar com você, não será você quem irá curá-lo para que possa se tornar um parceiro funcional. Se para ele não passa de uma amizade colorida, então você precisa acreditar que isso é tudo o que você significa para ele.

O termo "relacionamento de ocasião" (*situationship*) — ou "ficar com alguém" — tomou conta das redes sociais. E eu adoro o fato de ele descrever com precisão as "ocasiões" complicadas nas quais vejo inúmeras pessoas se envolverem. Um relacionamento de ocasião é uma relação amorosa/sexual informal que não está estabelecida nem dá sinais de se tornar um compromisso. Não há nada de errado em estar em um relacionamento casual, mas, se uma das pessoas quer algo mais e a outra não, isso acaba se tornando um tormento para a pessoa que quer compromisso. Será uma espécie de tortura para ela caso aceite ser o "talvez" de alguém.

Uma das minhas missões mais importantes é ajudar as pessoas a pararem de correr atrás de quem não quer ser alcançado. Em outras palavras, eu ajudo as pessoas a aceitarem quando alguém não as escolhe, e a se escolherem — sua sanidade, sua paz e sua dignidade — no lugar, bem como a evitar a todo custo entrar em um "relacionamento de ocasião".

A menos que duas pessoas em sã consciência escolham e concordem verbalmente em investir em uma conexão sem rótulos e sem compromisso, qualquer coisa diferente disso cria um enorme desequilíbrio de poder, no qual a pessoa que não quer compromisso detém todo o poder. A outra pessoa renuncia ao seu poder, fingindo que está de acordo com o relacionamento casual, enquanto silenciosamente reza para que a primeira mude de ideia e a escolha. Quando escolhemos continuar conectados a alguém que nunca vai corresponder ao nosso amor, estamos interferindo gravemente não só no nosso bem-estar mas também no nosso futuro.

Já vi muita gente estragar sua vida porque insistiu em um relacionamento de ocasião.

Ao longo dos anos, recebi milhares de mensagens de pessoas que sofriam por estarem apegadas emocionalmente a alguém que não compartilhava dos mesmos sentimentos e, por inúmeros motivos, não queria ter um relacionamento sério. Perguntas como: "Será que um dia ele vai deixar a esposa para ficar comigo?", "Por que ela continua dizendo que não quer um relacionamento, mas fica insistindo para nos encontrarmos?" e "Como o convenço a me escolher?" inundam minha caixa de entrada e as minhas DMs do Instagram todos os dias. Muitas pessoas acabam em relacionamentos de ocasião porque têm muito medo de comunicar o que querem; e, em vez disso, ficam preocupadas tentando descobrir um modo de ser escolhida pelo outro.

Amanda acreditava que poderia curar o homem problemático que amava e, consequentemente, convencê-lo a amá-la também. Quando me procurou, ela tinha 38 anos e queria muito se casar e ter uma família. O problema era que, em vez de namorar os homens disponíveis que a chamavam para sair, ela estava presa a um homem com quem tinha um relacionamento de idas e vindas havia mais de um ano. Esse homem, Peter, estava separado e tinha um filho de 2 anos. Peter alegava que a esposa era "tóxica" e não via a hora de se divorciar. Isso foi o que ele disse para a Amanda, embora ainda morasse com a esposa (e o dois aparentemente dormissem em quartos separados).

Desde o início, tive ranço dele, mas precisava me lembrar de que Amanda não era uma vítima. Ela era uma mulher adulta, e era sua responsabilidade escolher um homem disponível e sem entraves.

— A esposa dele é muito tóxica e dificulta muito as coisas para ele — ela me disse.

Imediatamente, percebi que, para ajudar Amanda, eu precisaria fazer uma intervenção. Se a esposa de Peter era tão "tóxica" assim, o que isso dizia sobre *ele*? Ele estivera em um relacionamento com ela por dez anos. Onde estava a responsabilidade dele?

— Como assim? — perguntei, genuinamente curiosa.

— Ela é muito ciumenta e não quer que Peter namore ninguém. Ela quer que ele fique com ela e ameaça entrar na justiça para ficar com a guarda do filho se ele insistir em se divorciar. Ele está passando por um momento muito difícil — ela respondeu.

Naquele momento, me dei conta de que Amanda era como muitas pessoas que conheci e com as quais trabalhei ao longo dos anos. Ela era a curandeira — também conhecida como a *coach* ou a terapeuta — de seus interesses amorosos. Ela escolhia homens que precisavam ser resgatados de suas circunstâncias difíceis, e fazia isso agindo como a Madre Teresa, no sentido de ser sempre um ombro disponível no qual Peter poderia chorar e alguém que atenderia às ligações dele feitas no meio da noite e o aconselharia. Sempre que Peter queria vê-la, ela cancelava seus planos para estar com ele. Em resumo, ela era o oposto da esposa "tóxica" dele. Amanda era uma presença confiável, amorosa e constante na vida dele. Sua crença inconsciente era: *Quanto mais eu puder provar que o que ele precisa em sua vida é de uma mulher sensata, mais ele vai precisar ficar comigo e mais rápido vai finalmente deixar a esposa.*

— Amanda, me responda uma coisa: quanto tempo você passa

pensando em Peter e na esposa dele? — perguntei, na esperança de que isso nos levasse a um pequeno avanço.

— Penso tanto que me consome.

Por mais que algumas pessoas queiram se curar, elas nem sempre estão prontas para fazer as mudanças necessárias. Por mais que algumas pessoas *digam* que querem estar em um relacionamento sério e cheio de amor, suas escolhas dizem o contrário. É preciso coragem para se curar. É preciso ter determinação para romper padrões. Não só precisamos querer mais para nós como precisamos acreditar que somos merecedores daquilo que queremos. Uma verdade desconfortável é que precisamos *querer* nos curar. Precisamos estar dispostos a ir fundo dentro de nós e encontrar nossa força, determinação e confiança. Acredito que todos temos a capacidade de superar padrões de relacionamento limitantes; porém, precisamos que os outros acreditem em nós e nos ajudem a encontrar um caminho. Eu acreditava em Amanda, embora minha intuição dissesse que ela não seria um caso fácil.

Por que entramos em relacionamentos de ocasião?

Uma das cinco perguntas mais frequentes que recebo é sobre relacionamentos de ocasião. Todos os dias, recebo e-mails e DMs no Instagram como esta:

Querida, Jillian,
Sempre acabo entrando em relacionamentos de ocasião nos quais sou a pessoa que quer mais. Me ajude!!

Lembra da Verdade 1? *Você* precisa dar o primeiro passo. Se quisermos transformar nossas vidas amorosas, precisamos revolucionar o relacionamento que temos conosco. Fazemos isso assumindo a responsabilidade pelas nossas escolhas e entendendo de que maneira nossos medos interferem em nossos relacionamentos. Nós não *acabamos* entrando em relacionamentos de ocasião; fazemos escolhas que nos levam até eles. Mas por que escolhemos relacionamentos nos quais precisamos trabalhar incansavelmente para convencer alguém a nos escolher?

Não existe uma única resposta. Geralmente existem cinco motivos principais pelos quais entramos em relacionamentos de ocasião.

Crenças

Uma crença é um sentimento de certeza sobre o significado de alguma coisa. Nossas crenças são criadas pelas nossas experiências e condicionamentos. As crenças que desenvolvemos por causa de experiências dolorosas do passado costumam ser limitantes, no sentido de que são crenças baseadas no medo, que nos limitam e nos levam a tomar decisões ruins. Lembra da Jade? Ela tinha baixa autoestima e não *acreditava* que merecia ser amada de verdade. Era por isso que ela corria atrás de homens indisponíveis.

Estas são algumas das crenças limitantes e medos mais comuns para quem está em um relacionamento de ocasião:

Nunca vou conhecer outra pessoa.

Pessoas disponíveis são sem graça.

Se eu me esforçar mais, essa pessoa vai me amar.

Se eu mudar, essa pessoa me escolherá.

Posso mudar essa pessoa.

Nunca vou conhecer outra pessoa com a qual sinta esse tipo de conexão.

Não quero começar de novo.

Não quero sentir solidão.

Ninguém quer namorar alguém da minha idade.

Não há pessoas legais disponíveis.

O tipo de relacionamento que eu quero não existe.

Condicionamento

Quantas vezes você viu alguém sacrificar as próprias necessidades para sustentar um relacionamento? Somos condicionados a acreditar que podemos "conquistar" o amor. Foi isso que Amanda fez quando desistiu do seu sonho. Talvez você tenha testemunhado seus pais ou amigos lidarem com relacionamentos dessa forma. Como argumentei anteriormente, essa crença de que podemos conquistar o amor de alguém foi romantizada em contos de fadas e filmes como *Diário de uma paixão* e *O casamento do meu melhor amigo*. No entanto, o amor não é algo que podemos forçar alguém a sentir ou escolher.

Solidão

Querer dividir a vida com alguém é totalmente válido. Porém, no mundo de hoje, das redes sociais, no qual, em teoria, estamos mais conectados do que nunca, estamos paradoxalmente mais carentes de conexões verdadeiras do que nunca. Encontrar uma comunidade exige esforço e não é algo que todo mundo tem facilidade de fazer. Seus amigos podem estar em relacionamentos ou simplesmente ocupados com a própria vida. O contexto é importante também. Por exemplo, a pandemia deu a muitas pessoas uma boa desculpa para investir em relacionamentos nos quais nunca investiriam em circunstâncias normais, por se sentirem solitárias.

Tédio

O tédio crônico é resultado do sentimento de insatisfação com nossas vidas. Quando isso acontece, tendemos a procurar um pouco de drama (ou bastante) para nos distrair da monotonia de nossas vidas. Na série *Girls* [Garotas, em tradução livre], Hannah e Marnie estão insatisfeitas, sem rumo e, consequentemente, entediadas com suas vidas; por isso, preenchem o tempo com relacionamentos dramáticos e complicados. À primeira vista você pode pensar que os homens com os quais elas se envolvem é que são complicados, mas a verdade é que Hannah e Marnie são igualmente complicadas. Esses são ingredientes de uma boa série, mas não é um bom exemplo de relacionamento saudável. No meu trabalho, conheço pessoas que ainda não encontraram significado e propósito verdadeiros em suas vidas e preenchem seu tempo com relacionamentos sem sentido para se distrair. Vamos ver outro estudo de caso sobre isso na Verdade 8.

Luto

A dor que acompanha o luto por uma perda pode ser avassaladora; e, assim como acontece quando estamos entediados, podemos procurar relacionamentos difíceis para tentar substituir nosso luto pela preocupação com outra pessoa. Quando estamos de luto, às vezes nos sentimos tão perdidos que só queremos alguém para nos amar. Algumas pessoas quando estão de luto se isolam, mas muitas procuram preencher o vazio. Estar de luto é lamentar a perda do amor. É pelo fato de nos sentirmos tão perdidos e por não estarmos em nosso juízo perfeito (por assim dizer) que procuramos pelo amor em todos os lugares errados.

Deixando a armadilha do relacionamento de ocasião para trás

Como Amanda pôde ficar em um relacionamento falso com um homem casado durante um ano? Ela sabia que o relacionamento tinha deixado de fazer bem para ela. Mas se sentia presa.

Fazia anos que Amanda se sentia emocionalmente desconectada de seu emprego, e quando tinha 33 anos perdeu o pai, seu principal confidente. O pai dela era terapeuta. Ele era um homem amoroso e muito paciente, que desempenhava o papel de confidente da esposa, das filhas e de todos os amigos mais próximos. Amanda era igualzinha a ele. Sua enorme paciência, empatia e compaixão com os outros era uma de suas maiores qualidades. Ela era a confidente de seu círculo de amigas mais próximas e era como uma irmã mais velha amorosa e acolhedora para os primos mais novos. No entanto, ela canalizava esses instintos na direção errada em sua vida amorosa.

Os relacionamentos têm muitos paradoxos, e um deles está no fato de que nossas qualidades pessoais podem ser o que vai nos prejudicar se escolhermos a pessoa errada para amar. A paciência e a empatia de Amanda a levaram para o inferno dos relacionamentos, porque ela não tinha estabelecido os limites necessários para que o relacionamento fosse uma via de mão dupla de amor e comprometimento.

— Isso tudo me parece muito problemático, Amanda. Você está me dizendo que está saindo com ele há um ano sem ter nenhum tipo de compromisso da parte dele simplesmente porque ele não consegue deixar a esposa? — perguntei, ainda curiosa para reunir todos os fatos.

— Sim. Eu sei que não é o ideal — ela disse, parecendo triste e derrotada.

— Você quer a minha ajuda para sair desse relacionamento? — perguntei, ainda na dúvida se ela estava preparada.

— Quero sim — ela respondeu, sem muita convicção.

Como *coach,* esse é o momento em que preciso procurar fundo dentro de *mim* para encontrar a paciência e a compaixão que Amanda tem de sobra.

Ter consciência dos nossos padrões é o primeiro passo. Fui bastante transparente com Amanda quando expliquei o que acreditava ser o seu padrão com Peter: ela silenciosamente estava tentando convencê-lo de que era a pessoa certa; mostrando-se carinhosa, paciente e compassiva, o oposto da esposa dele. Eu disse que ter perdido seu amado pai deixou um vazio dentro dela que, e isso era compreensível, tornava difícil para ela impor limites emocionais com homens com os quais sentia uma conexão. Por fim, expliquei que, por se sentir profundamente infeliz no seu trabalho no setor de vendas, ela estava entediada e a incerteza do relacionamento com o Peter oferecia uma distração da monotonia de sua vida.

Os olhos dela se arregalaram e se encheram de lágrimas.

— Faz sentido. Como faço para mudar isso?

Essa era a pergunta que não queria calar. Fiquei aliviada porque minha percepção fez sentido para Amanda; por outro lado, eu sabia que essa conscientização, embora um passo essencial na direção da mudança, não seria suficiente.

Trabalhei com Amanda por quase um ano. Durante nossos primeiros três meses juntas, ela terminou com Peter duas vezes, mas os dois acabaram reatando pouco tempo depois. Foi frustrante. Toda vez que eu achava que ela tinha virado a página — quando, em uma demonstração de coragem, ela dizia a Peter do que precisava e em seguida colocava um ponto-final no relacionamento deles, sempre que ele admitia não ser capaz de suprir as necessidades dela —, Amanda acabava cedendo algumas semanas depois e aceitando-o de volta. Precisei lidar com fato de que, por mais que a Amanda soubesse que deveria remover Peter da sua vida, ela ainda não estava motivada o suficiente para fazer isso em definitivo.

Assim, decidi parar de focar o relacionamento dela com Peter e me concentrar no relação dela com seu trabalho. Desde que o pai morreu, Amanda sonhava um dia se tornar uma terapeuta; porém, por questões financeiras, ela escolheu trabalhar com vendas para poder pagar com mais facilidade suas contas e morar onde queria. Quando voltou a cogitar a possibilidade de estudar para obter um mestrado em psicologia, ela conheceu Peter. Foi nesse momento que ela renunciou ao seu sonho.

É assim que muitas pessoas em relacionamentos de ocasião arruínam suas vidas. Por serem vínculos cheios de incertezas, precisamos nos esforçar ainda mais para nos sentirmos seguros neles; portanto, tendemos a ignorar outras partes de nossas vidas em busca de um amor que não está completamente disponível para nós. Tentar convencer alguém a nos escolher se torna um trabalho em tempo integral, e acabamos abandonando nossos objetivos pessoais e nossos anseios mais profundos. É assim que nos autoabandonamos.

Um relacionamento saudável é um relacionamento seguro. Escolhemos um ao outro e, ao fazer isso, não precisamos nos rejeitar para sustentar a relação.

A melhor maneira que encontrei de apoiar Amanda foi tentando ajudá-la a retomar seu objetivo de se tornar uma terapeuta. Eu não poderia forçá-la a deixar Peter, nem preencher o vazio que existia dentro dela após a perda do pai. Mas poderia segurar sua mão enquanto ela corajosamente dava os primeiros passos na direção de uma mudança de carreira que transformaria sua vida para melhor. Amanda buscou fundo dentro de si para encontrar a determinação, a motivação e a confiança que a definiam antes da morte do pai. Seguindo minha recomendação, ela continuou trabalhando enquanto estudava para não acumular dívidas. Ela estudava à noite e nos finais de semana.

Depois de um ano de mestrado, ela tinha acumulado confiança suficiente para finalmente terminar com Peter para sempre.

Dessa vez foi uma decisão muito mais fácil, porque sua vida tinha mais significado e ela não precisava de Peter e seu amor pela metade para se distrair. Ela parou de tentar convencê-lo a amá-la e, finalmente, se libertou.

Hoje em dia, Amanda é terapeuta e está namorando outro terapeuta, que conheceu durante o mestrado. Seu progresso não aconteceu da noite para o dia. Ela teve vários retrocessos — a maioria causada por sua resistência mental às mudanças e a enfrentar o desconhecido. Obter seu diploma foi uma enorme montanha que ela precisou escalar. Apesar da resistência, ela continuou subindo. Ela tinha medo de mudança, assim como muitos de nós, mas não desistiu.

Quando você achar que é a montanha diante de você é muito alta para ser escalada, permita que a história de Amanda o inspire a buscar dentro de si para encontrar sua motivação e não aceitar receber menos do que você merece. Permita que essas verdades sejam um lembrete constante não só do quanto você é forte como também que é o seu maior aliado nessa escalada.

Escolhendo a si mesmo

Deixar para trás uma pessoa com quem você se importa mas que não pode suprir suas necessidades é uma das atitudes mais corajosas que você pode tomar.

Nós aceitamos relacionamentos que refletem aquilo que pensamos de nós. Por isso, precisamos nos amar o suficiente para estabelecer limites que sustentem o padrão de como esperamos ser tratados pelos outros. Para algumas pessoas, deixar para trás alguém que não é capaz ou não está interessado em suprir suas necessidades básicas, como respeito, confiança e segurança emocional, é um ato de extrema coragem. Para elas, não é como se estivessem deixando para trás menos do que merecem, mas sim como se estivessem indo em direção ao abismo desconhecido da solteirice e da solidão novamente. Para algumas pessoas, deixar tudo isso para trás e finalmente escolher a si mesmas exigirá tudo que elas têm para oferecer, no sentido de escolherem sua paz e sua sanidade em vez do caos de estar em um relacionamento que diminui sua qualidade de vida.

Quando deixa para trás uma pessoa que não o faz se sentir bem ou seguro, você não só está terminando com essa pessoa como também está rompendo um padrão. Isso significa que você teve a coragem de resistir ao seu forte instinto de continuar conectado e apegado para poder fazer o que era melhor para você no longo prazo. Quando você escolhe o que é melhor para você em vez de manter uma conexão porque teme ficar sozinho e ter de recomeçar, está se escolhendo. Quando se escolhe, você se ama. Na vida, é raro alguém se amar primeiro para depois decidir se escolher. É mais uma questão de assumir o risco de se escolher e ao fazer isso se amar. A verdade é que nenhuma conexão é capaz de compensar a ansiedade que é garantida para quem continua em um relacionamento que sabe que não lhe faz bem.

Tome uma atitude

Se você está em um "relacionamento de ocasião", está na hora de descer dessa montanha-russa. Você precisa e merece estar em um relacionamento amoroso no qual haja reciprocidade; no qual ambos tenham os mesmos objetivos, comprometimento e clareza do que querem. Por outro lado, você precisa fazer sua parte e parar de estabelecer conexões que façam você se sentir carente e querendo mais.

Depois de três meses saindo com alguém e dormindo junto, as coisas deveriam estar começando a progredir. Vocês deveriam estar participando cada vez mais da vida um do outro; conhecendo os amigos um do outro, conversando sobre o futuro. Se não estiverem, então você está prestes a encontrar uma enxurrada de necessidades não supridas e ansiedade. E se você, assim como Amanda, está em um relacionamento complicado com alguém há vários meses ou até mesmo anos, está na hora de estabelecer um limite. Não é seu trabalho convencer alguém a lhe amar ou a se comprometer com você. Seu único trabalho é conversar, com verdade e vulnerabilidade. Por isso, antes de terminar o relacionamento, converse.

Você pode tentar dizer isso:

> "Realmente me importo com você e adoro quando estamos juntos. Mas eu quero estar em um relacionamento sério no qual possamos crescer e construir uma vida juntos. Se você não está pronto para isso, não tem problema. Mas isso é um sinal de que não queremos as mesmas coisas e de que é melhor cada um seguir o seu caminho."

> "Eu te amo. Mas não posso continuar assim. A culpa não é sua. Eu aceitei isso por tempo demais mas agora vou seguir em frente."

Lidando com o abandono: quando o outro quer ir embora

Quando conheci Olivia, ela estava arrasada. Seu marido, Steve, pai dos seus três filhos, queria a separação. Os últimos quatro anos de relacionamento foram difíceis, e, embora eles tivessem procurado ajuda muitas vezes com diversos terapeutas de casal, nada estava funcionando. Olivia estava determinada a convencê-lo a ficar.

Durante nossa sessão por vídeo, Olivia parecia frágil. Seus ombros estavam curvados e quase na altura das orelhas, os lábios cerrados enquanto ela apertava os dentes. Parecia que seu interior era uma panela de pressão prestes a explodir. Enquanto a observava, me lembrei do que senti fisicamente quando meu ex-marido me deixou.

A tensão corporal de Olivia era uma manifestação física da sua resistência emocional a terminar seu casamento. Ela me lembrava um boxeador no ringue, todo machucado, claramente já a sido derrotado, mas que se recusava a parar de lutar. Fui lembrada da minha própria luta quando passei dois anos tentando salvar meu casamento e do quanto aquilo foi exaustivo e improdutivo. Eu compartilhava de sua dor e sabia que ela tinha um caminho difícil pela frente.

Meu primeiro instinto era ajudar Olivia a aceitar o fim do seu casamento, mas ela tentou me convence de que os dois não tinham "tentado o suficiente".

— Ele não conversa e eu acho que ele não está tomando a decisão certa. Ele precisa de alguém que o faça cair em si — ela disse em meio a lágrimas ansiosas. — Por favor, será que poderíamos fazer uma sessão juntos?

Concordei em me reunir com os dois porque precisava saber se esse era um relacionamento pelo qual eles *deveriam* lutar (com a minha ajuda) ou do qual deveriam desistir.

Nunca vou me esquecer do jeito que o marido dela, Steve, se contorcia desconfortável enquanto Olivia, em lágrimas, suplicava para que ele voltasse atrás. Eu queria tanto entrar pela tela daquele computador e impedir Olivia de se humilhar ainda mais. Quando olhei para Steve, já sabia que ele não queria mais tentar e que meu primeiro instinto sobre o relacionamento deles tinha sido confirmado: a decisão dele já estava tomada e o casamento tinha acabado.

Meu trabalho seria ajudar Olivia a aceitar o fim daquele relacionamento.

Depois de passar vinte minutos assistindo Olivia suplicar para Steve voltar atrás e tentar salvar o casamento, enquanto ele se defendia alegando que tinha tentado e que a separação era a única e a melhor solução para os problemas deles, eu intervi:

— Olivia.

Ela olhou para mim.

Eu sentia a tensão se acumular dentro de mim porque sabia que o que estava prestes a dizer não seria fácil para Olivia escutar. Respirei fundo e disse:

— Olivia, eu sei que é difícil. Pode acreditar em mim, eu sei. Mas você não pode continuar tentando convencê-lo a mudar de ideia. O que você pode fazer é perguntar a ele sobre a dor que ele está sentindo. Você pode perguntar a ele sobre o quanto isso está sendo difícil para ele também.

Vi Steve soltar um longo suspiro, seu corpo visivelmente relaxar e as lágrimas começarem a brotar em seus olhos azuis cansados.

— Eu fiz tudo que pude — foi o que Steve conseguiu dizer.

Os rompimentos são difíceis para todo mundo. Um divórcio, ainda que amigável, continua sendo uma catástrofe emocional que exige tempo para que nos recuperemos. Ninguém entra em um relacionamento querendo que ele termine; e, quando nos casamos, nosso objetivo é continuar juntos até a morte. O trágico é que os relacionamentos raramente terminam por falta de amor. Eles geralmente terminam por falta de conexão, resultante de um sentimento crônico de invisibilidade e incompreensão. Os casais costumam suportar mágoas, ressentimentos e inseguranças por meses ou anos antes que um ou ambos decidam terminar. As pessoas têm dificuldades para se manter conectadas porque não sabem como superar seus medos, dizer a verdade, amar de forma altruísta e se amar por completo.

Escrevi sobre as nove verdades neste livro porque sei como é ser abandonada e abandonar a mim mesma. Já trabalhei com milhares de pessoas com medo, que tentavam curar suas vidas amorosas. Uma pessoa que deseja terminar um relacionamento longo não decide fazer isso porque não ama seu parceiro. Provavelmente ela decide terminar porque não conhece outra solução. Ela está cansada; quer se sentir melhor, e seguir em frente parece ser muito melhor do que ficar. A verdade é que fazemos o melhor que podemos com o nível de maturidade, consciência e habilidade que temos durante nosso relacionamento. Será que as coisas poderiam ter sido diferentes se meu ex-marido e eu soubéssemos dessas verdades e as tivéssemos colocado em prática? Sim, talvez. Mas nós não sabíamos, e é isso que importa. Só podemos fazer o que somos capazes de fazer, e o que resta é esperar que possamos crescer, aprender e descobrir o quanto somos resilientes.

Quando estamos comprometidos e construímos a vida com alguém, não podemos desistir no primeiro sinal de dificuldade. Precisamos lutar pelo relacionamento. Mas o que isso significa? Significa parar de transferir a culpa e, em vez disso, nos responsabilizar radicalmente pela nossa contribuição para a destruição daquela conexão. Significa ouvir o outro, reconhecer que não estávamos suprindo as necessidades um do outro e em seguida proativamente tentar fazê-lo. Às vezes significa pedir ajuda a uma terceira pessoa, por exemplo, um *coach* ou um terapeuta de casais. Outras vezes significa ter paciência quando a pessoa que amamos está passando por um momento particularmente difícil e, consequentemente, não é capaz de contribuir para o relacionamento na mesma intensidade de antes.

Mas essa é uma tarefa que exige duas pessoas. Não podemos lutar por uma coisa depois que o outro desistiu. Não podemos convencer alguém a mudar o jeito como se sente nem a ficar quando ele quer partir. Não podemos simplesmente barganhar com a pessoa que quer ir embora. Precisamos deixá-la ir. Para um relacionamento funcionar, ambas as pessoas precisam se sentir livres e escolher aquele relacionamento. Quando suplicamos ou tentamos convencer alguém por meio da culpa a nos amar, estamos fazendo dele um refém emocional. Se fazemos isso, acabamos nos aprisionando em um relacionamento que nunca nos dará aquilo de que precisamos.

Também acabamos comprometendo nossa dignidade.

Os meios (geralmente inconscientes) pelos quais tentamos convencer alguém a nos amar

Uma das lições mais difíceis que precisaremos aprender na vida é aceitar quando a participação de alguém na nossa história chegou ao fim. Essa é uma lição que muitos fazem o possível para não precisarem aprender, até que não têm a escolha a não ser aceitar. Até lá, essas pessoas tentarão de tudo, geralmente inconscientemente, para reconquistar o amor do outro.

Algumas pessoas descobrirão uma forma de se fazerem necessárias, seja se tornando "terapeutas" ou "*coaches*" de seus parceiros, na tentativa de ajudá-los a atingir seu "potencial". Outras, como Amanda, darão mais — atenção, energia, tempo, presentes, sexo e apoio — mesmo quando não estiverem recebendo nada em troca.

Há aquelas que vão suplicar pelo amor do outro; e as que vão usar a lógica para tentar convencer o outro a enxergar o quanto funcionam bem juntos.

Há, ainda, as que vão desmoronar para que o outro se sinta culpado demais para deixá-las, bem como as que usarão os filhos como instrumento de barganha.

Quando se viu diante de um divórcio que não queria, Olivia suplicou, usou a lógica e tentou fazer Steve se sentir culpado e voltar atrás. Duante um mês, me comprometi a ser a voz da razão para Olivia, e conversei com ela várias vezes por semana. Ela refletiu sobre seu casamento — as brigas, o sentimento de solidão e incompreensão —, e a verdade era que ela tinha passado os últimos dois anos sendo extremamente infeliz. No fundo, uma parte dela ansiava se livrar de seu relacionamento com Steve, mas tinha medo das consequências de ficar sozinha e ter que recomeçar como uma mãe solteira aos 50 anos, o que era compreensível.

Essa ambivalência — por um lado ansiar pelo fim do relacionamento e por outro lado ficar desesperado para mantê-lo — é muito mais comum do que imaginamos. Assim que Olivia reconheceu sua ambivalência com relação a Steve e ao casamento deles, conseguiu parar de suplicar, formular estratégias e tentar convencê-lo a continuar amando-a. É importante esclarecer que reconhecer sua ambivalência não acabou com sua dor e seu medo. O coração dela continuava partido, e ela ainda estava assustada com a caminhada que tinha pela frente. Entretanto, pelo menos agora, era capaz de conversar de forma mais produtiva com Steve sobre a separação e sobre como continuariam educando os filhos. Aceitar a decisão de Steve de se separar foi o primeiro e mais importante passo para que Olivia pudesse se recuperar daquela desilusão.

Ela levou um ano para se acostumar ao seu novo normal como mãe solteira e para aprender a se sentir realizada depois do divórcio. Em seguida, conseguiu voltar a namorar. Depois de cinco meses, conheceu alguém e hoje está feliz em um relacionamento. Histórias como a da Olivia nos dão esperança de que existe amor depois de uma desilusão.

A verdade de que você não pode convencer alguém a lhe amar serve para inspirá-lo a parar de correr atrás do amor e a permitir que quem quiser partir vá embora. Essa verdade deixa bem claro que, quando alguém passa mensagens conflitantes, isso não é um convite para agradar, doar-se mais, acolher ou manipular. Não é um convite para esperar ser escolhido. Pelo contrário, é um convite para continuar firme e não comprometer sua dignidade de nenhum modo. Estou aqui para lhe dizer que não existe força nesse mundo que queira lhe privar de amor. Você merece e existe muito amor por aí.

Rompendo o padrão

Uma das decisões mais difíceis e importantes que já tomei na vida foi deixar meu marido ir embora. Passei dois anos tentando ser suficiente para ele e dei o meu melhor, com os recursos limitados que tinha na época, para lutar pelo nosso amor; porém, quando ele tomou sua decisão, eu o deixei partir sem oferecer resistência. Isso é uma coisa da qual me orgulho até hoje, porque sinceramente deixá-lo ir facilitou demais a *minha* vida.

Deixá-lo ir me protegeu de continuar sendo rejeitada e permitiu que eu me curasse.

Não importa se você é alguém que transfere todo o seu poder para uma pessoa que mal conhece, ou que se envolve em relacionamentos nos quais se esforça e faz de tudo para receber mais amor; você *pode* romper esse ciclo, e precisa rompê-lo.

Você se lembra da lista das principais crenças entre pessoas que estão em um relacionamento de ocasião? As crenças a seguir são as mais comuns entre as pessoas que estão se divorciando ou terminando um relacionamento longo. São essas crenças que nos fazem renunciar ao nosso poder e nos impedem de seguir em frente quando precisamos.

Não posso começar tudo de novo; é muito desgastante.

Tenho 40 anos. Nunca vou encontrar outra pessoa nessa idade.

Vai demorar demais para encontrar outra pessoa.

Pessoas divorciadas são patéticas.

Se isso terminar, significa que fracassei.

PRATICANDO ESSA VERDADE

Uma meditação

Se você está preso a alguém que não é capaz de amá-lo, uma parte sua está em modo sobrevivência. Perder um amor é como perder oxigênio, então o seu medo é compreensível. Reconheça que está com medo sem se julgar por se sentir assim. Em seguida, sente-se em um local confortável e feche os olhos. Você pode descansar as mãos sobre suas coxas; ou, se for confortável, pode descansar ambas as mãos sobre seu abdome; ou, ainda, colocar uma mão sobre seu abdome e a outra sobre seu peito. Com os lábios levemente cerrados, inspire fundo pelo nariz e expire lentamente pela boca. Repita por alguns minutos. Vá devagar e, se precisar soltar um suspiro enquanto expira, faça isso. Depois, ainda de olhos fechados, lembre-se de um momento no qual se sentiu poderoso e cheio de vida. Você pode voltar no tempo o quanto quiser. Tente se lembrar de todos os detalhes: onde estava, o que estava fazendo, as pessoas que estavam junto com você, o que estava usando e por aí vai. Foque nos sentimentos que sentiu naquele momento: a força, o orgulho, a alegria, o poder. Concentre-se nessa lembrança por alguns minutos e, quando estiver pronto, vá para a próxima lembrança de quando sentiu orgulho de si mesmo, forte e cheio de vida. Você pode fazer esse exercício por quanto tempo precisar e repeti-lo todo dia.

Cuide de si mesmo

Está na hora de focar aquilo que você precisa. Comece pequeno. Você precisa ligar para um amigo? Falar com um profissional? Fazer exercícios físicos? Dar uma caminhada? Beber mais água? Assistir a um bom filme? Fazer uma refeição deliciosa? Proporcione a si mesmo aquilo que precisa nesse momento. Parece óbvio, mas cuidar de nós é como tentar ganhar músculos. Se tudo o que você fez ultimamente foi focar na outra pessoa e tentar ser escolhido por ela, você se esqueceu de si mesmo. Por isso, aos poucos, procure voltar a atenção para si mesmo e se pergunte: *Do que preciso agora?*

Mude sua forma de se comunicar

Note quando retroceder ao padrão der tentar convencer, suplicar ou barganhar quando seu relacionamento passar por dificuldades. Em vez disso, veja o que pode dizer em diferentes cenários de relacionamentos que estão chegando ao fim. Você pode dizer isso durante uma conversa ou até mesmo por meio de uma carta, se for muito difícil dizer essas palavras em voz alta.

Quando o seu parceiro terminou o relacionamento:

Querido(a) _____, aceito sua decisão de colocar um ponto-final no nosso relacionamento, embora não seja o que eu quero. Eu amo você e gostaria de tentar, mas não posso fazer isso sozinho(a).

Se você suspeitar porque está entrando em um relacionamento de ocasião:

Cada dia que passa, gosto mais de você e gostaria que tivéssemos um relacionamento de verdade. Sei que você não está pronto e não tem problema, mas eu preciso seguir em frente.

Quando suas necessidades básicas não estiverem sendo supridas, mesmo depois de você comunicá-las, ou se vocês não estiverem de acordo sobre o que ambos querem e esperam de um relacionamento:

Eu te amo, mas me amo mais. Não posso continuar assim. Eu quero e mereço mais.

Pare de mentir para si mesmo

Quando você finalmente entender que não pode convencer alguém a amá-lo, escolhê-lo ou se comprometer com você, vai dizer para si mesmo que é porque você não merece ser amado; que, de alguma forma, porque essa pessoa não o escolheu, você não merece ser escolhido. Acreditar nessa mentira de que você não é merecedor é o que o mantém preso no ciclo de correr atrás de quem está indisponível. Você se lembra da Amanda e da Olivia? O fato de Peter não ter "escolhido" Amanda não tinha nada a ver com a ela. Era ele que não conseguia se desvencilhar da esposa. Olívia e Steve tinham problemas que os fizeram se sentir desconectados. É comum que as pessoas terminem relacionamentos porque querem parar de sofrer. Pare de dizer para si mesmo que não é bom o bastante.

Faça uma promessa para si mesmo

Pare de marcar mais conversas e de escrever cartas tentando convencer o outro do quanto a conexão entre vocês é rara e do quanto vocês ficam bem juntos. Se alguém com quem você está se relacionando (ou com quem está saindo há mais de três meses) não tem certeza do que sente sobre você — não tem certeza se quer que o relacionamento evolua ou se ama você —, não tente agradá-lo para que ele o ame. Não tente curá-lo para que possa lhe amar. Pare de dar mais e de tentar *ser* mais para que a pessoa o escolha. Você não pode continuar se torturando para ser o talvez de alguém ou um relacionamento de conveniência. Está na hora de escrever um manifesto afirmando sua promessa para si mesmo. Sugiro que você escreva e coloque em um lugar onde possa lê-lo todos os dias. Escreva de forma que soe autêntica para você. Eis alguns exemplos:

Prometo nunca mais esperar ser escolhido. Em vez disso, vou decidir quem é bom para MIM e investir em um relacionamento apenas quando nossos sentimentos foram mútuos e os nossos objetivos estiverem alinhados.

Prometo nunca mais aceitar amor pela metade. Em vez de me contentar com migalhas de atenção, vou comunicar o que quero e como me sinto, com sinceridade. Se a pessoa não quiser o mesmo que eu — não importa o motivo —, vou aceitar e seguir em frente.

Prometo fazer o que puder para melhorar meu relacionamento, mas não posso e me recuso a fazer isso sozinho. Se meu parceiro(a) quiser sair da relação, vou ser honesto sobre meu sofrimento e meu desejo de que as coisas sejam diferentes. No entanto, vou deixá-lo(a) ir se for isso que ele(a) quiser.

Prometo nunca mais correr atrás de pessoas indisponíveis, inatingíveis ou simplesmente erradas para mim. Também vou parar de contar para mim mesmo a história de que sou sempre rejeitado ou não sou bom o bastante para ser escolhido. Sou responsável pelos minhas escolhas, e se estou sendo rejeitado é meu dever analisar o motivo, sem dizer para mim que é porque não sou digno.

O amor de alguém nunca é algo que você deveria precisar merecer. Para que um relacionamento funcione, os sentimentos precisam ser recíprocos. O momento precisa ser certo para as duas pessoas. Você não pode fazer relacionamento funcionar quando um dos dois quer partir, ou quando o outro não sente o mesmo, ou não está em condições de se comprometer com você. Se não aceitarmos essa realidade, estaremos dando ao outro um enorme poder sobre nossas vidas.

Renunciar ao que poderia ter sido com alguém ou a alguém com quem você passou a vida é uma das experiências mais dolorosas que alguém pode vivenciar. Se a rejeição e o amor não correspondido não fossem tão dolorosos não haveria tantas músicas escritas sobre essa dor. É ela que explica toda a carreira da Taylor Swift!

Às vezes, a pessoa que amamos deixa de nos amar. Às vezes, a pessoa que tanto queremos não retribui esse sentimento.

Como alguém que sobreviveu a uma grande desilusão amorosa e passou a ajudar milhares de pessoas a fazer o mesmo, sei que superar um amor não correspondido é uma das montanhas mais difíceis de serem escaladas. Também sei que, quando alguém quer partir, você precisa deixar essa pessoa ir embora e confiar que seu destino não está mais ligado ao dela.

VERDADE 8

Ninguém virá te salvar

Todo mundo anseia por se sentir pleno e tem lacunas emocionais dentro de si. E todo mundo acredita que o parceiro certo vai fazê-lo feliz, o que provavelmente vai acontecer, no início. No entanto, não podemos depender de alguém para nos fazer feliz o tempo todo.

Quando dependemos de outro ser humano, que também tem defeitos, para nos fazer feliz, essa dependência é o que, paradoxalmente, vai nos levar à infelicidade. A outra pessoa — não importa o quanto seja perfeita para nós — não consegue nos fazer sentir seguros e felizes o tempo todo. E quando percebermos suas limitações vamos sucumbir ao peso das nossas expectativas desfeitas. Vamos ficar decepcionados, magoados e, em muitos casos, como o da Lauren na Verdade 6, com raiva de nossos parceiros por não conseguirem acabar com nossos momentos ruins em um passe de mágica.

O principal motivo para que alguém queira estar em um relacionamento é maximizar emoções positivas: sentir mais alegria, empolgação e conexão. Contudo, quando saímos da fase de encantamento e entramos na de comprometimento, costumamos ser acordados por um balde de água fria: nossos problemas continuam ali e precisamos lidar com eles. O vazio que sentíamos antes do relacionamento ainda está ali. O trabalho do qual não gostamos continua sendo o nosso trabalho. A ansiedade que sempre nos acompanhou retorna depois de um breve hiato. E descobrimos que a pessoa que acreditávamos ser perfeita é na verdade tão cheia de defeitos quanto nós.

A verdade é que um relacionamento deveria nos fazer *mais* felizes e não nos fazer felizes; aumentar nossa qualidade de vida e não nos resgatar de nossas vidas; maximizar emoções positivas e não nos proteger das emoções negativas. Não há dúvidas de que o amor e o companheirismo de um parceiro deveriam facilitar sua caminhada. Mas ninguém além de você pode fazer essa caminhada.

Precisamos nos sentir seguros em nossos relacionamentos, mas nosso interesse amoroso não pode ser a nossa única fonte de segurança. Precisamos nos sentir conectados e amados pelos nossos parceiros, porém nosso relacionamento não pode ser nossa única fonte de conexão e amor. Precisamos nos sentir suficientes para quem amamos, contudo isso não vai ser suficiente se não nos sentirmos suficientes sozinhos. Precisamos nos sentir felizes em uma relação, entretanto a pessoa com quem nos relacionamos não consegue continuar nos fazendo felizes quando não sabemos como sentir alegria sozinhos.

A esperança de que a pessoa certa vai nos curar de nossa infelicidade não é consciente. A maioria das pessoas, quando entra em um relacionamento, não percebe que em seu subconsciente está pensando: *Que ótimo, agora não preciso fazer mais nada porque meu parceiro e o nosso amor vai resolver tudo.* No entanto, essa narrativa acontece porque durante séculos fomos influenciados por livros de romance e, mais recentemente, por comédias românticas, que nos fizeram acreditar que o amor é capaz de salvar todo mundo. Essa é a interpretação errada por trás do "felizes para sempre". Toda pessoa com quem já trabalhei e que conheci cultivava (inconscientemente) essa crença.

A pessoa romântica

Casey foi uma das minhas primeiras clientes.

Ela tinha 29 anos, era californiana, amava ioga, psicologia e desenvolvimento pessoal. Desde pequena seu sonho era se casar e ter uma família. Filha única de pais divorciados, Casey passou grande parte da infância brincando sozinha com seus brinquedos e sonhando com um dia se apaixonar por um príncipe alto e bonito e formar uma família. Ela foi uma criança muito sensível e com bastante imaginação. Falava frequentemente com seu "amigo invisível", desenhava corações coloridos no livro de colorir e amava vestir as roupas da mãe e fingir que era a mamãe passeando com suas três bonecas em um carrinho. Na adolescência, passou horas ouvindo música sobre amores perdidos, lendo Jane Austen e Emily Brontë e assistindo comédias românticas e dramáticas.

Considerando que cresci com duas irmãs mais velhas na selva de concreto de Manhattan e que comecei a ir para a balada aos 15 anos, à primeira vista minha vida parecia ter sido completamente diferente da vida de Casey. Mas nunca me identifiquei tanto com uma cliente quanto me identifiquei com ela. Também fui uma criança sensível e imaginativa que tinha um amigo invisível. Brincava sozinha por horas a fio, vestia as roupas da minha mãe e sonhava encontrar o amor e meu príncipe no cavalo branco.

Quando conheço um novo cliente, sempre pergunto sobre seus relacionamentos anteriores para poder ganhar perspectiva e entender seus padrões, bem como o tipo de pessoa por quem se sentem atraídos. O histórico de relacionamento de Casey não me surpreendeu. Ela teve um relacionamento de ocasião de cinco meses com Chris, um pegador narcisista, carismático, muito inteligente e viciado em cocaína, que ela achava muito sedutor. Quando o conheceu, estava solteira fazia mais de um ano; algo que tinha sido muito difícil para uma pessoa que passara grande parte da vida sonhando em estar apaixonada pelo seu príncipe. Estar solteira para

Casey era como estar presa em um purgatório. Era uma espécie de jogo de espera e ela nunca conseguia se sentir verdadeiramente satisfeita sem ter um homem em sua vida. Esse descontentamento crônico quando estava solteira a colocava em enorme desvantagem no universo do namoro. Por se sentir profundamente solitária e carente de atenção masculina, ela ficava vulnerável a ser seduzida por vigaristas charmosos como Chris. Ele, por sua vez, mirava em mulheres como ela e sabia exatamente como seduzi-las. Ele a enchia de elogios e galanteios, a levava para jantar em restaurantes caros e para passar finais de semana incríveis em resorts cinco estrelas no Caribe. Eles também tinham longas conversas filosóficas sobre o sentido da vida; o tipo de conversa que Casey amava e que a fazia se sentir profundamente conectada à Chris.

Infelizmente, no entanto, como costuma acontecer com pegadores narcisistas viciados em cocaína, ele rapidamente se tornou pouco confiável e passou a se interessar mais por balada e sexo do que em construir uma vida com alguém. Uma noite, na qual deveria buscá-la para um encontro, ele não apareceu. Apesar dos esforços dela para encontrá-lo, ele parou de responder às suas mensagens e ligações.

Antes disso, teve o Tim. Ele era do tipo acolhedor e era 25 anos mais velho do que Casey. Ele passava segurança e era uma figura paterna para ela. O grande problema era que ele tinha dois filhos na casa dos vinte anos e não queria ser pai novamente. Casey, mesmo tendo certeza de que queria filhos, continuou saindo com Tim na esperança de que ele mudasse de ideia com o tempo. Obviamente isso não aconteceu, mas ela continuou com ele por um ano, até que ele finalmente fez a coisa certa e terminou o relacionamento, para que ela pudesse realizar seu sonho de ser mãe um dia.

Depois teve o Eric, que era tudo que Casey queria desde menina: ele era alto, bonito, de boa família, tinha estabilidade financeira e queria ter filhos.

Bingo.

Eric era perfeito no papel, embora ele e Casey fossem, no fundo, incompatíveis. Ele adorava estar ao ar livre e preferia passar seus fins de semana fazendo escaladas ou pedalando. O tipo de fim semana perfeito para ele era ir acampar, mesmo nos meses mais frios. Casey não gostava de estar ao ar livre e odiava acampar. Ela preferia passar seu tempo nos museus e estúdios de ioga, e seu tipo preferido de viagem de fim de semana era ir à praia e fazer massagens em um spa. Ela também adorava ter conversas filosóficas profundas sobre Deus, espiritualidade e o sentido da vida. Eric era ateu. Segundo Casey, Eric não entendia o senso de humor dela e ela achava o senso de humor dele ofensivo.

Há anos, era uma vontade de Casey deixar seu emprego na área de publicidade para se tornar mãe em tempo integral. Eric queria uma esposa que continuasse trabalhando, mesmo depois de ter filhos.

Apesar de serem uma péssima combinação, eles continuaram juntos por quase dois anos, discutindo com frequência. No fim, Eric terminou com Casey, que, mesmo não se sentindo realizada no relacionamento, ficou arrasada.

Foi quando ela me procurou.

Casey era uma romântica apaixonada pelo amor, que desde os 7 anos esperava pelo príncipe que viria salvá-la. O maior problema das pessoas românticas apaixonadas pelo amor é a dificuldade que elas têm para encontrar significado na vida enquanto estão solteiras. Então, elas costumam se ver presas em relacionamentos insatisfatórios e completamente incompatíveis, porque praticamente tudo parece ser melhor do que estar solteiro e sem amor. Essa aversão extrema a não ter um parceiro fez Casey ser facilmente seduzida por qualquer pessoa que tivesse o potencial de ser seu príncipe. É assim que as pessoas românticas renunciam ao seu poder: em vez de terem paciência e discernimento, elas se tornam vítimas, permanecendo em relacionamentos com as pessoas erradas.

Chris seduziu Casey com seu carisma e o clássico "bombardeio de amor". Ele a cobriu com jantares chiques, elogios e ótimas conversas. Esse tipo de tratamento, que intrigaria a maioria das mulheres, acaba sendo a sedução perfeita para a romântica incorrigível, que se sente vazia quando está solteira.

Foi a energia paterna, a sensação de segurança e a sensatez de Tim que fizeram Casey se sentir atraída por ele. Filha de pais separados — seu pai saiu de casa quando ela tinha 6 anos —, Casey achava homens mais velhos acolhedores porque eles a faziam se sentir segura, interessante; mesmo quando estavam em fases da vida completamente diferentes, e como Tim, mesmo que nunca satisfizessem sua necessidade de ter uma família.

Eric era o homem com quem Casey sempre sonhara. Ele era a representação do ideal dela: alto, bonito, inteligente, rico e ligado à família. Casey, intoxicada pelo sonho da vida que poderia ter com Eric, era incapaz de enxergar com clareza as várias formas nas quais eles eram completamente incompatíveis, portanto errados um para o outro. Quando ele terminou o relacionamento, levou a ansiedade dela ao limite. Ela agora estava apavorada com a possibilidade de ficar sozinha para sempre.

Enquanto ela me contava sobre esses três relacionamentos, eu percebia sua uma tristeza e frustração. Ela prendeu seu cabelo longo e louro em um rabo de cavalo, como muitas de nós fazemos quando ficamos com calor por estarmos sentindo emoções intensas. Suas sobrancelhas se franziram e seus olhos verdes se contraíram, tensos.

— Estou tão frustrada, Jillian. Sinto que todos esses homens falharam comigo, e agora estou sozinha.

Por algum motivo me senti confortável para ser bastante direta com ela. Deve ter sido porque eu sabia que ela valorizava a introspecção e se sentir desafiada; por isso, arrisquei e disse a verdade.

— Entendo como você se sente — falei, compassiva. — Mas esses homens não falharam com você, Casey. Eles simplesmente não eram os homens certos e você não quis enxergar os sinais de alerta. A verdade é que ninguém vem salvá-la, Casey. Não existe um príncipe no cavalo branco que vai levá-la em direção ao pôr do sol e viver feliz para sempre com você. Ele não existe. O amor não salva ninguém; na verdade, o amor não é suficiente nem mesmo para sustentar um relacionamento no longo prazo.

De repente, senti como se estivesse dizendo a uma criança de 5 anos que Papai Noel não existe. Os olhos dela se arregalaram.

Droga. Eu precisava dizer a parte mais importante logo, antes que destruísse completamente seu sonho.

— Mas — continuei — o que *realmente* existe é alguém com quem você pode cocriar a sua vida. Alguém com quem você pode colaborar enquanto enfrenta os desafios da vida e que você pode apoiar quando ele estiver enfrentando momentos difíceis, e vice-versa. Alguém com quem você possa aproveitar a vida e fazer coisas divertidas juntos. Só que essa pessoa não vai entrar na sua vida para resgatá-la, Casey; porque você não precisa ser resgatada. Você, como muitas de nós, foi iludida a acreditar que a sua vida não tem significado se você estiver solteira. Isso não é verdade. Não precisa ser assim. Eu sou super a favor de você estar em um relacionamento, mas não pode ser qualquer relacionamento; tem que ser o relacionamento certo para você. E não sou a favor de que você sofra até conhecer a pessoa certa.

O corpo dela visivelmente relaxou, e ela pareceu intrigada. Eu relaxei também, aliviada de ter conseguido passar minha mensagem para ela.

Em seguida veio a pergunta que sempre ouço:

— Mas *como*? Como posso me sentir bem solteira, e como conheço o homem com quem vou me casar?

— Bom, sinto muito ter que dizer isso, mas você começa ficando solteira — disse, já dando logo a má notícia. — Mas quero ajudá-la a valorizar mais isso.

Os seis meses seguintes com Casey foram esclarecedores e até hoje têm forte influência nas minhas crenças e forma de ensinar. Trabalhar com ela reforçou minha percepção de que as pessoas, quando querem, podem mudar. Elas podem superar crenças profundas e condicionamentos e tomar decisões diferentes para melhorar suas vidas. Por ter sido uma das primeiras vinte pessoas que ajudei, eu tinha medo de que o que eu queria que ela fizesse não funcionasse. Eu estava preocupada que ela se mostrasse resistente às minhas sugestões durante todo o processo e que me dissesse que eu não era capaz ajudá-la. Ela já tinha feito terapia antes e trabalhado previamente com um *coach* de relacionamentos. E se eu não conseguisse ajudá-la? E se eu falhasse com ela como os homens do seu passado e, assim como eles, não pudesse resgatá-la?

Para alguns profissionais, Casey poderia ser considerada uma "viciada em amor" ou "codependente"; e, sinceramente, quando olho para trás, consigo ver algumas dessas características nela. Mas, quando trabalhamos juntas, vi muito mais coisas em Casey. Não vi a mulher viciada em amor, e sim uma mulher que foi condicionada a acreditar que precisava ser salva da monotonia de sua vida pelo amor de um homem. Vi uma mulher que tinha uma força interior enorme, que ela desconhecia. Não a vi como uma pessoa problemática. Só enxerguei seu potencial. E tive muita, muita sorte mesmo de ela estar disposta a tentar fazer as coisas de um jeito diferente.

Foi assim que a ajudei: pedi que Casey fizesse a escolha consciente de não namorar por seis meses. Ela tinha um grupo de amigas que a apoiavam, mas algumas delas estavam em relacionamentos, o que a deixava ansiosa por estar solteira. Consequentemente, ela passava mais tempo com as amigas solteiras, solidarizando-se enquanto comiam e bebiam sobre o quanto o universo do namoro era difícil e compartilhando histórias de encontros ruins. Basicamente, ela e as amigas estavam alimentando o medo uma das outras. Sugeri que ela passasse a fazer atividades com suas amigas que não tivessem nada a ver com homens ou encontros, como sair para ver uma exposição de arte, ouvir música ao vivo, fazer trilhas, frequentar uma aula de ioga ou tentar surfar juntas. Elas e as amigas precisavam ter experiências mais interessantes e empolgantes juntas, que não estivessem centradas em encontrar um parceiro ou mesmo falar sobre eles. Em seguida, pedi que ela passasse mais tempo com suas amigas que estavam em relacionamentos e os parceiros delas. Dessa vez eu disse a ela que, em vez de se sentir desencorajada pelo fato de elas estarem em relacionamentos enquanto ela não estava, ela precisava observá-las e identificar aspectos que admirava naqueles relacionamentos, bem como o que não parecia funcionar para ela. Ela precisava aprender como funcionavam aquelas relações e não desperdiçar seu tempo sentindo inveja delas.

Também queria que Casey passasse mais tempo com o pai. Por ter se mudado quando ela era muito nova, a ausência física dele tinha deixado uma cicatriz emocional dentro de Casey. Ela amava o pai e, embora falasse com ele algumas vezes por semana, ela não o via mais do que uma vez por mês. Quando ela concordou em passar mais tempo de qualidade com ele, fiquei feliz e aliviada. Fortalecer a relação dela com o pai era essencial para curar a ferida criada pela ausência dele em casa durante a infância dela.

Nos dias em que se sentisse solitária e triste e sua mente se tornasse um campo de batalhas de "e se", autopiedade e dúvidas, pedi que ela tentasse regular seu estado emocional indo dar uma volta, ligando para uma boa amiga, ouvindo músicas animadas ou assistindo a um filme divertido. Também pedi que ela anotasse seus medos e me enviasse. Durante meses, recebi mensagens temerosas — algumas delas mais pareciam cartas — quase todos os dias. Mas depois de um tempo elas foram se tornando cada vez mais escassas.

Depois de cinco meses que Casey passou preenchendo seus finais de semana com atividades que ela geralmente reservava para quando estava saindo com alguém, e passando mais tempo com casais e tomando nota, ela me disse uma coisa que me surpreendeu completamente.

— Acho que vou viajar para a Itália neste verão. Sozinha.

Quase engasguei com a água que tinha acabado de beber:

— É sério? Sozinha? — perguntei, curiosa.

— Sério. Eu sempre quis ir. Quero dizer, para falar a verdade, eu sempre sonhei ir para a Itália com um namorado, mas nenhum deles quis ir! Então, acho que vou ser minha própria melhor amiga e me levar para a Itália!

— Você não pensou de ir com uma amiga? — perguntei, testando o território.

— Cheguei a pensar em convidar alguém, mas sempre quis fazer isso, Jillian, e tinha muito medo. Eu ainda tenho medo, mas estou empolgada. Meio que não vejo a hora. — Casey deu um sorriso travesso.

Olhei para ela e vi uma mulher diferente. Vi uma mulher que estava salvando a si mesma. Sorri de volta e desejei poder abraçá-la.

A pessoa que resgata

Assim como muitas mulheres foram condicionadas a acreditar no mito do príncipe em seu cavalo branco que viria resgatá-las com seu amor, muitos homens foram condicionados a acreditar que precisavam ser os heróis que resgatam a donzela indefesa para poderem se sentir dignos de serem amados. Esses homens se sentem atraídos por pessoas que estariam machucadas de alguma forma e, portanto, precisariam deles. Isso leva a um relacionamento complicado e insatisfatório porque, embora o homem se sinta importante e necessário, terá dificuldade para se sentir realmente conectado com a pessoa com quem se relaciona. Em algum momento ele vai perceber que não pode salvar aquela pessoa daquilo que a machucou. E não pode realmente preencher o vazio emocional dela. Ele pode até continuar no relacionamento, mas vai se torturar por sua inabilidade de se transformar no príncipe no cavalo branco.

As mulheres também podem querer resgatar. Você se lembra da Amanda da Verdade 7? Ela inconscientemente tentava ser terapeuta de Peter para ajudá-lo a sair do seu casamento tóxico. Nós que temos um alto grau de empatia — que nos tornamos professores, médicos, terapeutas e *coaches* — amamos ajudar pessoas. Enxergamos potencial em todo mundo, e muito do nosso propósito de vida advém de sermos capazes de ajudar os outros a atingir seu potencial. Em um relacionamento, ser capaz de enxergar o potencial de alguém é algo muito bonito, e, sinceramente, às vezes *vamos* agir como *coaches* de nossos parceiros, e não há nada de errado nisso. É só quando secretamente desejamos que eles pudessem mudar, ao invés de aceitá-los como são, que encontramos problemas. Além disso, quando focamos unicamente no desenvolvimento, na cura e na mudança do outro, acabamos ignorando nossas próprias necessidades e nosso potencial. Nós nos abandonamos e ficamos ressentidos, exaustos e infelizes.

É preciso esclarecer que, quando estamos em um relacionamento, é óbvio que vamos investir emocionalmente um no outro. Vamos precisar da compaixão e do apoio um do outro. Seja aliado do seu parceiro. Seja o maior incentivador e fã dele, mas não o transforme em um projeto, porque, no fim das contas, os problemas dele não são seus para resolver.

Nunca namore alguém que você tenha que curar ou mudar. Você precisa de um parceiro e não de um paciente. E lembre-se sempre: não tem a ver com outro; tem a ver com você quebrar o padrão de pensamento de que pode mudar alguém ou ser a inspiração para que ele se transforme. Não importa o quanto você tente, não vai conseguir competir com a infância de alguém. Se ele não tiver lidado com a própria dor, você não pode fazer isso por ele.

A seguir apresento algumas pistas que podem indicar se você tem o padrão de querer consertar ou resgatar o outro em seus relacionamentos:

- Você costuma escolher parceiros que precisam trabalhar muito em si mesmos. Talvez eles tenham algum tipo de vício ou muitos traumas que não foram processados nem tratados.

- Você se sente atraído pelo "potencial". Ainda que a pessoa esteja estagnada e desmotivada a mudar, você continua por perto porque vê muito potencial nela.

- Você tende a escolher pessoas que estão passando por um momento particularmente difícil em suas vidas, como divórcio ou a morte de um ente querido.

- Você costuma se sentir como pai, professor ou terapeuta da pessoa com quem se relaciona.

- Você escolhe parceiros que têm um histórico de relacionamentos problemáticos (traição, mentira, incapacidade de se abrir, nunca teve um relacionamento que durou mais do que alguns meses), e mesmo assim justifica os comportamentos deles e pensa que com *você* será diferente.

- Você desempenha o papel do professor espiritual em seus relacionamentos. Você quer ajudar a outra pessoa e por isso a expõe o máximo possível a todas as suas práticas, como ioga, meditação e alimentação saudável. Você é como uma âncora na vida daquela pessoa e a aconselha o tempo todo.

- Você costuma se tornar controlador em seus relacionamentos, tentando forçar o outro a se livrar de velhos hábitos e a mudar.

As ferramentas de que você precisa para romper com esse padrão estão descritas aqui neste capítulo. Quando atingir o nosso próprio potencial se torna algo importante para nós, deixamos de usar relacionamentos como uma forma de distração. Quando aprendemos a nos salvar, paramos de precisar salvar os outros.

Usando o relacionamento para escapar de nós mesmos

Quando nossa vida parece não ter direção, podemos facilmente usar um relacionamento como desculpa para evitar nos concentrarmos em colocar nossa vida de volta nos trilhos. Quando falta aventura e novas experiências, podemos facilmente usar um relacionamento para nós distrair daquilo que está ausente.

Você se lembra do Adam da Verdade 3, que tinha dificuldade para perceber que seu relacionamento com a namorada influenciadora, Andrea, estava mais baseado na química do que no amor de verdade? Embora eu quisesse ajudar Adam a escolher mulheres mais sensatas, ligadas à família e com valores melhores que os da sua ex, uma Barbie da atividade física, o que mais me preocupava em relação a Adam era que ele estava um pouco perdido e não tinha a ambição necessária para descobrir seu propósito na vida.

Trabalhei com ele por um ano e meio, ajudando-o a encontrar um propósito maior em sua vida. Ele atuava no setor de vendas farmacêuticas, mas não se sentia conectado emocionalmente com seu trabalho. Ele amava esportes, embora vivesse arrumando desculpas sobre não ter tempo para praticá-los. Ele adorava viajar e, ainda que tivesse recursos financeiros mais do que suficientes para ir para onde quisesse, raramente deixava sua cidade. Adam passava grande parte do tempo sozinho, isolado, mesmo tendo um bom grupo de amigos que o apoiavam e o convidavam para jantar e para ir a eventos toda semana. Adam estava completamente viciado naquilo que era certo. Ele não arriscava e vivia uma vida bem controlada, na qual todo dia parecia ser exatamente como o anterior.

— Eu não me sinto nem um pouco realizado — ele disse, sem rodeios durante uma sessão online.

— Eu sei, Adam. Como poderia ser diferente? — respondi, sendo direta também.

Durante essa mesma conversa, Adam me disse que tinha conhecido uma moça chamada Naomi. Isso foi cerca de cinco meses depois que a influenciadora de bem-estar terminou com ele. Fiquei aliviada ao saber que nosso trabalho para melhorar o dedo podre dele tinha dado certo! Naomi não se parecia em nada com a ex dele. Ela não só era completamente diferente em termos de aparência como parecia ter valores melhores também. Ela não tinha um namorado atrás do outro e estava procurando um relacionamento sério que levasse ao casamento e filhos. Ela era judia, o que Adam tinha descoberto recentemente ser algo importante para ele, uma vez que gostaria de educar seus filhos dentro dos princípios do judaísmo. Ela era batalhadora e se sustentava com seu trabalho em uma pequena empresa de tecnologia. Ela também tinha uma vida social ativa e diversa, e priorizava passar tempo de qualidade com os amigos fazendo coisas novas. Ela amava viajar. Todo fim de semana o mundo de Naomi ficava repleto de novas experiências. Ela tinha tudo que estava faltando na vida de Adam.

Às vezes, quando estamos estagnados, reféns de nossos medos e da nossa indecisão, nos sentindo incapazes de promover a mudança necessária, entramos em um relacionamento e nos sentimos inspirados pela outra pessoa a fazer mais. No entanto, o que mais acontece é permanecermos os mesmos e depender demais de nossos parceiros para nos salvarem de nosso descontentamento. Foi isso que Adam fez. Ele se concentrou apenas em Naomi. Em vez de fazer planos com seus amigos, ele sempre esperava para ver quando ela estaria disponível. Quando ela tinha planos com as amigas, ele simplesmente ficava esperando em seu sofá que ela ligasse assim que chegasse em casa. Adam ou estava *com* a Naomi ou *esperando* por ela. Ele estava *sempre* disponível, e não no sentido de estar disponível emocionalmente. Ele não tinha uma vida que prendesse sua atenção; por isso, desde o começo, fez do seu relacionamento com Naomi o elemento central de sua vida.

Adam e Naomi namoraram por dez meses, até que ela terminou com ele.

O sucesso de um relacionamento amoroso é em grande parte determinado por duas escolhas: a pessoa que escolhemos e a maneira como decidimos agir. Adam tinha demonstrado um grande progresso ao escolher uma mulher como Naomi, sobretudo se comparada a sua última namorada. Mas a dura verdade é que, se não olharmos para dentro de nós e agirmos para preencher nosso vazio emocional, colocaremos pressão demais em nosso relacionamento para que ele preencha esses vazios por nós. Vamos, basicamente, esperar que nosso interesse amoroso nos salve.

Adam estava desconectado de si mesmo. Ele valorizava a conexão, mas não se dedicava a se conectar com os amigos. Ele valorizava o desenvolvimento, mas se recusava a sair de sua zona de conforto. Ele odiava seu emprego, mas não gostava da ideia de explorar novas possibilidades e encontrar um trabalho mas inspirador. Sua vida, como ele mesmo admitiu, não era gratificante e ele inconscientemente usou Naomi para escapar disso.

E, no fim, o mundo de Adam se mostrou pequeno demais para Naomi, e ela se sentiu pressionada demais para ser tudo na vida dele, e por isso terminou o relacionamento.

Antes que você entre em pânico sobre o tamanho do seu próprio mundo, por favor saiba que não estou contando a história de Adam para assustar ou deixar ninguém paranoico. Você não precisa estar viajando pelo mundo, ter um grande grupo de amigos ou estar sempre em busca de novas experiências para ter um relacionamento forte e duradouro. Mas você precisa ter uma vida que seja importante para você. O modo como vivemos nossa vida não estará alinhado com a de todo mundo por quem nos sentirmos atraídos, mas vamos nos tornar menos atraentes se não vivermos com intenção.

Eu me sentia mal por Adam estar sofrendo pelo término com Naomi, como me sentiria por qualquer pessoa que estivesse decepcionada. Por outro lado, eu também sabia que ele precisava disso. Naomi não estava interessada em salvá-lo e isso era uma coisa boa. Ele precisava aprender a salvar a si mesmo.

Expectativas irreais

A maioria das pessoas acredita que seus parceiros deveriam fazê-las felizes. Enquanto muitas delas parecem não estar conscientes dessas crenças, outras têm certa consciência.

"Ele não está me fazendo feliz!", muitas vão reclamar. Ou "Acho que ela não me faz feliz". Se somos ambivalentes em nossos relacionamentos, vamos pensar: *Será que essa pessoa me faz feliz?* Ou vamos ser questionados, sobretudo por familiares: "Essa pessoa faz você feliz?". Quando ouvimos essa pergunta, nossas mentes ficam ocupadas tentando encontrar evidências de que somos felizes. Se não formos, poderemos então pensar que o outro falhou conosco de alguma forma e nos ressentir dele.

Não me entenda mal. Acredito que deveríamos estar somando na vida uns dos outros e de maneira significativa também. A vida deveria ser, no geral, melhor por causa de nossos relacionamentos. Nós sabemos que um relacionamento ruim pode diminuir significativamente nossa qualidade de vida, e não recomendo continuar em um relacionamento ruim. Por outro lado, esperar que um relacionamento contribua para nossa vida não é a mesma coisa de transferir para nossos parceiros o peso de serem responsáveis pela nossa felicidade.

Você se lembra da Lauren da Verdade 6? Ela tinha o padrão de ficar bastante mal-humorada em seus relacionamentos depois do fim da fase de lua de mel. Ela então culpava suas parceiras por não saberem lidar melhor com seu mau humor e por não a amarem apesar disso. Ela também, em vez de se responsabilizar pelo seu estado emocional e aprender a se acalmar quando se sentia estressada, esperava que as parceiras a acalmassem, da mesma forma que um pai acalmaria seu filho.

Talvez você ache que Lauren é um caso isolado, mas ela não é. Ela é você. E ela sou eu.

Dentro de todos nós existe uma criança que anseia por cuidado. Nós secretamente desejamos ter alguém que supra todas as nossas necessidades emocionais o tempo todo. Queremos e esperamos ser amados mesmo quando não estamos retribuindo esse amor aos nossos parceiros. Em última instância, esperamos que o amor de um parceiro resolva todas as nossas crises existenciais ou pelo menos nos faça esquecer que elas existem. Pessoalmente, às vezes eu realmente gostaria que alguém me resgatasse dos meus problemas e me distraísse da minha cabeça, quando ela se torna um campo de batalha repleto de pensamentos e negatividade. Às vezes eu gostaria muito que alguém me salvasse da minha infelicidade, mas sei que sou a única responsável pela minha felicidade. Essa é a mais pura verdade.

Minha busca pela felicidade teve início quando comecei a estudar ioga, há quase 25 anos. Sempre usei o movimento físico para acalmar a mente. Para mim, o exercício nunca teve a ver com esculpir meu corpo para ter uma determinada forma; tinha a ver com sobrevivência. Se eu não pudesse pelo menos dar uma volta, rapidamente ficava agitada e infeliz. Quando descobri a ioga, também descobri a chave para minha paz interior.

A parte física da prática de ioga, também conhecida como *hatha* ou *asana*, foi desenvolvida com um único objetivo: silenciar a mente para que você possa enxergar, sentir e conhecer o amor e a paz que já existem dentro de você. Quando pratica com regularidade e se dedica a sincronizar sua respiração com determinadas posturas, você acaba encontrando um modo de equilibrar sua mente, suas emoções e seu sistema nervoso.

Quando estamos em equilíbrio, estamos em paz. E quando

estamos em paz não buscamos a felicidade em um relacionamento, no dinheiro, na comida, nas drogas ou naquilo que podemos comprar. Aprendemos que o que queremos sentir vem de dentro; só precisamos remover toda a sujeira criada pela nossa mente hiperativa para poder acessá-lo.

Esqueça a felicidade, nós precisamos é de propósito

Quando minha vida desmoronou em 2014, eu a reconstruí buscando por aquilo que me dava um senso de propósito. Por tudo que estava acontecendo, eu estava deprimida, e era impossível para mim "simplesmente ser feliz". Porém, como nos dois anos anteriores minha vida tinha girado em torno de salvar meu casamento, eu finalmente podia focar em mim mesma. Fazendo isso, aprendi duas lições de vida: primeiro, que me concentrar naquilo que me dava uma sensação de paz era como um remédio para minha saúde mental. E segundo que, em vez de tentar ser feliz, eu precisava descobrir o que daria propósito para minha vida sem estar ligado a um relacionamento amoroso. Fiz isso, empregando toda a energia que tinha para aprender uma nova habilidade: me tornar *coach* de relacionamentos.

Todo mundo precisa sentir que sua vida tem propósito para se sentir conectado consigo mesmo. Na verdade, transformamos nosso relacionamento conosco quando encontramos um propósito maior para as nossas vidas.

Todo mundo tem a necessidade intrínseca de dominar profundamente *alguma coisa*, de investir em sua vida indo atrás daquilo que considera importante. E uma verdade dura, mas necessária, é que a maioria de nós não se sente atraída por alguém que não tem um propósito na vida.

O propósito assume diversas formas para cada pessoa e não costuma ser algo grandioso, glamoroso ou baseado em retorno financeiro. Na verdade existem muitas pessoas que conquistaram muito e ainda se sentem perdidas porque não se estão emocionalmente conectadas com o trabalho que fazem. O sentimento de propósito resulta de fazer aquilo que tenha significado para nossa vida, mesmo que seja desafiador. Por exemplo, algumas pessoas encontraram seu propósito ajudando pessoas doentes e idosos a fazerem a passagem com a maior tranquilidade possível, atuando como suas enfermeiras tanto em casa quanto em um asilo. Não é um trabalho fácil. Muitas dessas pessoas se sentem conectadas aos seus pacientes, e todas elas testemunham inúmeros estranhos sucumbir diante do luto. Embora tenham que passar muito tempo rodeadas pela tristeza e pelo luto, serem capazes de ajudar alguém a fazer a transição da vida para a morte é algo que tem muito significado e importância para essas pessoas.

Você certamente não precisa ser um santo que ajuda as pessoas a morrerem com mais tranquilidade! Mas, depois de trabalhar com milhares de pessoas, tentando ajudá-las a melhorar sua vida, aprendi uma lição importante sobre o papel do propósito nos relacionamentos amorosos: é importante ter uma espécie de missão fora do relacionamento e fora do papel de parceiro, cônjuge ou pai. Por "missão" me refiro a algo que você corra atrás regularmente e que não seja apenas um hobby (embora eu defenda a importância dos hobbies), que o motive e dê senso de direção para a sua vida. Pode ser o seu trabalho — não importa o tipo de trabalho — ou pode ser algum projeto especial. Até mesmo as mulheres que são mães que eu conheço já admitiram, em algum momento de suas vidas, sentirem a necessidade de ter um objetivo importante para além de educar seus filhos.

PRATICANDO ESSA VERDADE

Seja seu próprio herói

Para que possa ter o relacionamento saudável, seguro e amoroso que deseja, você precisa ser radicalmente honesto consigo mesmo. Precisa se fazer perguntas difíceis: por exemplo, *Quantas vezes já desejei que um parceiro fosse diferente para que eu pudesse me sentir melhor?* ou *Quantas vezes esperei a perfeição de um parceiro?* Responda com sinceridade: quantas vezes você esperou ser resgatado do campo de batalha em sua mente e curado de sua dor em um relacionamento?

Tornar-se seu próprio herói não tem a ver com ser forte e independente a ponto de não precisar de ninguém além de si mesmo. Não quero que você sinta vergonha de querer estar em um relacionamento ou se preocupe por às vezes se sentir sozinho e carente de atenção, elogios ou contato físico. Tornar-se seu próprio herói tem a ver com aprender a preencher o vazio emocional que vive dentro de você em qualquer dia, semana ou ano, sem esperar que um interesse romântico faça tudo isso por você.

Eu acredito em relacionamentos. Acredito que, quando nos sentimos amados por alguém, isso ajuda a acelerar nosso processo de cura. Mas, como você agora já sabe, o primeiro passo precisa ser nosso. E a vida se torna muito melhor quando sabemos como nos salvar.

Quando nos tornamos nosso próprio herói, cultivamos nossa necessidade mais primitiva e essencial de dentro para fora: a certeza. A vida pode ser difícil e repleta de muitas circunstâncias que estão completamente fora do nosso controle, e é fácil nos sentirmos vitimizados por essas circunstâncias. Quando aprendemos a acessar nosso contentamento interior sozinhos, nos tornamos uma força que precisa ser levada a sério. Nos tornamos os heróis, as deusas, os guerreiros e os campeões da nossa própria história.

Como fazer para sua vida ter mais significado, preencher seu vazio interior e se transformar em seu próprio salvador

Este capítulo fala de encontrar propósito e de não depender de um parceiro para isso. Também fala sobre como se sentir realizado para além do contexto de um relacionamento amoroso. Recomendo, ainda, que você reveja as práticas listadas na Verdade 4.

1. Encontre alegria nas pequenas coisas

Se precisamos que nosso dia seja perfeitamente agradável, tranquilo ensolarado e inspirador para nos sentirmos "felizes", estamos fadados à infelicidade. Encontrar alegria nas pequenas coisas tem a ver com nos treinarmos para identificar mais coisas pelas quais podemos ser gratos. A negatividade é um hábito, e a única maneira de rompê-lo é facilitar a possibilidade de se sentir bem.

Tente fazer isto: em uma folha de papel, escreva: "Eu me sinto bem quando _____". Em seguida faça uma lista de coisas que você pode fazer com facilidade e se sentir bem. Por exemplo, *Eu me sinto bem porque acordei hoje de manhã. Eu me sinto bem quando saio para dar uma volta. Eu me sinto bem quando ligo para um amigo. Eu me sinto bem quando vejo um animal.*

Durante um mês, pratique valorizar as pequenas coisas. Se estiver chovendo e você não gostar de chuva — porque prefere o sol —, tente encontrar algo que possa gostar sobre a chuva. Talvez você goste do cheiro de chuva. Às vezes sua cidade está passando por um período de seca. Talvez você possa usar a chuva como desculpa para descansar.

2. Movimente seu corpo — sempre

Se você consegue movimentar seu corpo, isso é algo a ser celebrado. Pesquisas mostram que fazer exercícios e estar em movimento reduz o estresse, a ansiedade e a depressão.

Nem todo exercício funciona para todo mundo, principalmente porque cada pessoa tem necessidades e uma capacidade física diferente. Eis algumas sugestões:

- Para se sentir ancorado e forte: levantamento de peso.
- Para liberar emoções estagnadas dentro de você: dançar ou fazer ioga.
- Para fazer algo que não sobrecarregue suas juntas e aumente o foco: nadar ou fazer ioga.
- Para incentivar a criatividade e acalmar a mente e o sistema nervoso hiperativos: caminhar ou fazer trilha.
- Para a saúde em geral: alongamento.

O alongamento é uma coisa que acredito ser medicinal e uma possibilidade para a maioria das pessoas. Alongue-se todo santo dia e aproveite para respirar fundo também.

Outra forma de mudar sua fisiologia é trabalhar com um profissional em quem confie. Talvez isso não seja possível para você, então não se preocupe se não for porque as outras sugestões nesta sessão serão o suficiente. No entanto, se você puder trabalhar com um profissional, sugiro que procure alguém que tenha conhecimento sobre liberação miofascial ou acupuntura. Embora exista um debate científico sobre se nossos corpos armazenariam emoções negativas e traumas, eu acredito firmemente que sim. O livro best-seller *O corpo guarda as marcas*, de Bessel van der Kolk, é um trabalho interessante sobre como o trauma fica marcado em nosso corpo. Pela minha experiência, quando liberamos a tensão que estava profundamente enraizada em nossos tecidos, sentimos instantaneamente a liberação de emoções suprimidas que podem estar contribuindo para um declínio do nosso bem-estar.

3. **Cultive várias fontes de conexão**

Quando um parceiro se torna nossa única fonte de amor, estamos fadados a sofrer. Basicamente, é esperar demais que um parceiro seja tudo para nós. Precisamos de outros amigos em quem podemos confiar e conversar sobre assuntos diferentes. Precisamos de hobbies que sejam só nossos; precisamos de familiares, amigos, comunidades ou de um mentor com quem possamos contar também.

Já aconteceu de você começar um relacionamento e parar de ver seus amigos? Ou de fazer aquilo de que gosta? Ou de passar tempo com sua família? Isso é comum para muitas pessoas, e eu também já fiz. Mas é um erro.

Separe um tempo agora para se dedicar às pessoas importantes na sua vida.

Se estiver sentindo falta de uma comunidade, eis algumas sugestões de como encontrá-la:

- Ofereça seu tempo como voluntário em algum lugar onde existam pessoas que pensam como você ou que compartilham de um interesse em comum ou missão.
- Matricule-se em uma academia ou um estúdio de ioga. Seja assíduo.
- Participe de um centro religioso ou espiritual.
- Participe de um grupo on-line no qual todos compartilham um objetivo comum.
- Participe de uma equipe esportiva do bairro.
- Organize um jantar de confraternização para os vizinhos.

4. **Retribua de alguma forma**

Se você quer se sentir mais pleno, é necessário dedicar seu tempo e energia para algo além de si mesmo. Não podemos estar sempre felizes. O luto e as dificuldades fazem parte da experiência humana. No entanto, aprendemos a nos salvar quando buscamos sentir realização em vez de "felicidade". Retribuir é uma forma rápida, embora bastante subestimada, de sairmos da confusão dentro de nossa mente e nos conectarmos com a clareza de nossos corações. A verdade é que nos dedicarmos a algo para além de nós mesmos é um caminho inegociável para que possamos sentir maior realização na vida. Não importa se você está contribuindo para uma causa, uma pessoa, um cliente, um aluno ou um animal.

5. **O paradoxo da cura: liberte-se e divirta-se**

Eu sei que muitos de vocês podem já ser aventureiros ou mestres na arte de se divertir. Por outro lado, se você prioriza segurança, rotina e estar no controle, aposto que se beneficiaria de se soltar e aprender a se divertir mais. Quando valorizamos a certeza e a segurança acima de qualquer coisa, nossa tendência é viver sentindo uma enorme tensão, tanto física quanto mental. Nossa vida é organizada em torno de como podemos controlar as coisas ainda mais. Se esse for o seu caso, saiba que eu entendo. Já fui como você. No entanto, a verdade é que, para aproveitar a vida, precisamos nos sentir vivos por dentro. Para isso, não podemos tentar nos proteger de tudo. Esse é um dos maiores paradoxos da cura: nosso apego à certeza costuma ser uma resposta ao fato de termos sido obrigados a lidar com inúmeras *incertezas* em nosso passado. Ainda assim, se nos permitirmos fazer aquilo que nos motiva, isso é o que vai nos curar no fim.

Não estou sugerindo que você ignore suas responsabilidades na vida ou suas rotinas que o mantêm saudável e mentalmente estável. Mas estou sugerindo que faça algumas mudanças.

Tente fazer isto: liste tudo o que você ama fazer, mesmo aquilo que não faça há anos ou não consiga justificar por que não deveria fazer. Alguns exemplos seriam: viajar, ir a shows ou ouvir música ao vivo, dançar, cantar, sair com amigos, montanhas-russas e por aí vai.

Liste o máximo de coisas que puder. O motivo pelo qual você ama fazer essas coisas é que elas tocam fundo em você; em um lugar que não foi afetado pelo trauma, pelo medo, pela preocupação e pelas regras. Você ama essas atividades porque elas o fazem se sentir vivo. Ao longo de um mês, faça pelo menos uma das coisas na sua lista toda semana. Você pode começar pequeno e ir gradualmente aumentando o número de atividades quando entrar no ritmo. Se se sentir preparado para fazer algo maior já no início, vá com tudo!

6. Tenha independência financeira

É importante ter seu próprio dinheiro para não depender financeiramente de ninguém. No mundo de hoje, por exemplo, está se tornando cada vez mais incomum que as mulheres sejam completamente dependentes financeiramente de seus cônjuges. Isso é ótimo. Ainda assim, inúmeras pessoas continuam se sentindo presas a relacionamentos de longo prazo porque não são capazes de se sustentar financeiramente sozinhas. Como alguém que esteve em uma situação parecida quando estava casada, posso dizer que poucas coisas são mais assustadoras — sem contar extremamente desmoralizantes — do que encarar um divórcio quando você é incapaz de cuidar de si mesma financeiramente. Se você depende dos seus parceiros para se sustentar, está na hora de procurar meios de construir sua independência financeira.

Eis algumas sugestões:

- As pessoas são peculiares com dinheiro. A maioria tem um bloqueio psicológico com relação a ter uma boa fonte de renda. Crenças do tipo *Não sei ganhar dinheiro; não entendo de dinheiro; não sou inteligente para ganhar dinheiro e dinheiro não dá em árvore* impedem que as pessoas se tornem independentes financeiramente. Você precisa identificar as crenças limitantes que tem sobre dinheiro e sua capacidade de trabalhar por ele. Existem livros que podem ajudá-lo também. O livro de Jen Sincero *Você pode nadar em dinheiro* é uma boa fonte de informações para questionar essas crenças. Já o livro de Tony Robbins *Dinheiro: domine esse jogo* é ótimo para aprender a investir seu dinheiro (até mesmo pequenas quantidades) com sabedoria para que possa ficar rico.

• Pratique um trabalho manual e desenvolva novas habilidades. Na Verdade 4, falei sobre o quanto é importante seguir as pistas daquilo que nos interessava na infância, bem como de fazer aquilo com que temos uma conexão emocional ou que desperta nossa curiosidade. Você precisa ter determinação. Não espere se tornar especialista da noite para o dia; simplesmente comece.

• Arranje um emprego ou comece a ganhar dinheiro com suas habilidades. No mundo de hoje, as pessoas não precisam nem sair de casa para trabalhar ou começar um negócio. Eu me lembro de que muitos anos atrás vendi metade do meu guarda-roupa na internet por um bom dinheiro. Não tinha interesse nenhum de começar uma loja na internet, mas a experiência provou para mim mesma que quando existe vontade a gente descobre um jeito de ganhar dinheiro.

7. Pare de transformar seus parceiros em projetos

Se você se considera alguém que tenta consertar ou salvar os outros em seus relacionamentos, lembre-se de ninguém muda quando é forçado a mudar. As pessoas mudam quando se sentem motivadas a mudar *por si mesmas*. Por isso, quanto mais você tentar mudar um hábito de um parceiro, mais é provável que ele fique na defensiva e queira proteger aquele hábito. Com o tempo você acaba ficando mais parecido com os pais dele e ele se torna mais parecido com um filho adolescente. Essa dinâmica acaba com a atração em um relacionamento.

O que dizer para inspirar mudança (por exemplo, se seu parceiro não estiver se cuidando como fazia antes): em vez de dizer "Por que você parou de ir à academia? Você precisa começar a comer melhor", tente dizer: "Notei que você está dormindo muito ultimamente. Tem se sentido um pouco desmotivado? Ou triste? Estou aqui se quiser conversar sobre isso".

O que dizer quando, não importa o quanto você tente, os hábitos intoleráveis do outro não mudam: em vez de ameaçar "Se você não parar de fazer _____, não vou continuar com você", tente dizer: "Eu preciso mesmo cuidar da minha saúde mental e do meu bem-estar e não consigo fazer isso neste relacionamento. Por isso, estou seguindo em frente".

Em vez de dar um ultimato para o outro, escolha você no lugar de tentar consertá-lo.

Para ser bem sincera, existem momentos em que eu gostaria de poder ser resgatada dos meus problemas. Acredito que todos nós, se formos honestos, gostaríamos que fosse possível que alguém entrasse nas nossas vidas, nos salvasse de nós mesmos e nos fizesse feliz. Durante anos eu esperei por isso sinceramente. Assim como muitos de vocês, eu comprei as mentiras de que o amor salva a todos e de que com a pessoa "certa" todos os meus problemas desapareceriam. Que grande mentira!

Ninguém vem nos salvar, e talvez esteja na hora de reconhecermos que *isso é uma coisa boa*, e não uma triste realidade. Quando nos tornamos nosso próprio herói (com o amor e a ajuda dos outros), ficamos mais fortes, mais resilientes e nossa autoestima aumenta. Quando aprendemos a ter paz, propósito e realização sem precisar de alguém para nos dar tudo isso, nos tornamos, aos poucos mas com certeza, mais plenos e capazes de estender essa plenitude para um relacionamento.

VERDADE 9

Você precisa fazer as pazes com seus pais

Quando eu tinha 12 anos, meu pai insistiu que eu fizesse terapia para que pudéssemos descobrir por que eu era tão resistente a ele. Ele achava que me "consertar" consertaria nossa relação. O terapeuta era um homem sério, mais velho e um tanto desgrenhado. Eu não gostei nada dele. Quando ele insistiu para tentar descobrir como eu me sentia com relação ao meu pai, eu disse: "É como se eu fosse alérgica a ele".

Sou alérgica ao meu pai. Isso se tornou minha crença, minha história e uma parte da minha identidade.

A história da minha vida, como a de todo mundo, é repleta de diferentes narrativas, temas, personagens e capítulos. Porém, qualquer pessoa que teve um relacionamento conturbado com os pais sabe que esse relacionamento pode se tornar um tema central em sua vida.

Se não tentarmos entender e lidar com nossa relação com nossos pais, nossos relacionamentos amorosos vão nos forçar a fazer isso.

Na verdade eu não era alérgica ao meu pai de verdade. Eu era uma criança hipersensível que sentia a negatividade dele tão intensamente a ponto de ficar desnorteada. Durante minha infância, meu pai sofreu com um transtorno bipolar não diagnosticado. Os humores dele eram totalmente imprevisíveis, e toda noite, quando ele chegava do trabalho, eu era tomada pela ansiedade. Ele era narcisista, passivo-agressivo e abusivo com minha mãe. Também tinha um problema com bebida e remédios. Meu pai morava dentro da própria cabeça, preso em um campo de batalha muito violento. Ele raramente estava presente; sempre parecia estar muito longe, pensando e ruminando.

Crescer em uma casa com um pai desregulado emocionalmente é traumático para todos que moram ali.

Quando estava sozinha no apartamento com minha mãe e minhas irmãs, eu me sentia segura. Quando meu pai chegava em casa do trabalho. por volta das sete da noite, eu me sentia insegura. Dizer que nós pisávamos em ovos é pouco. A sensação era de pisar em cacos de vidro. Meu pai agia como um rei corrupto que usava seu poder para subordinar todos ao redor. Quando ele chegava, o jantar tinha que estar na mesa, e todas nós tínhamos que lhe fazer perguntas sobre seu dia. Se não nos concentrássemos nele, ele ficava irritado, difícil de agradar e imprevisível emocionalmente.

Toda a identidade do meu pai era definida pela sua profissão como psiquiatra. Era o único meio que ele conhecia de se conectar com os outros. Ele tratava a família como tratava seus pacientes: se qualquer uma de nós tentasse contar algo que acontecera no nosso dia, ele perguntava: "E como você se sentiu?". Até hoje meu corpo se lembra de como aquela pergunta me fazia sentir. *Como eu me senti? Como se quisesse me esconder debaixo de uma pedra para nunca mais ter que lhe contar nada.*

Não é nenhuma surpresa que ele e minha mãe tivessem um péssimo casamento. Eles brigavam com frequência, e me lembro de ouvi-lo algumas vezes, tarde da noite no quarto deles, dizendo para minha mãe o quanto ela o decepcionava, enquanto ela tentava se defender para, no fim, acabar ficando em silêncio, deixando-o desabafar sobre suas mágoas. Minha mãe era infeliz; ela se sentia presa e sem esperança. Ela era uma dona de casa sem uma renda própria, e uma imigrante aprendendo a ser norte-americana. Meu pai era quem ganhava dinheiro e detinha todo o poder.

Quando eu tinha 11 anos, meus pais se sentaram comigo para me contar que estavam se divorciando e que meu pai sairia de casa. Eu fiquei aliviada. Finalmente, o futuro parecia um pouco mais promissor para todas nós.

Quando ele estava escrevendo *The Difficult Child*, fiquei empolgada com a ideia de ter um livro escrito sobre mim. Isso me fez sentir importante e especial. *Um livro sobre MIM*, lembro de pensar. Mal sabia eu, na época, o tamanho do impacto que isso teria na minha vida; que ser chamada de "criança difícil" me motivaria a estar sempre tentando provar para o mundo que eu não era assim, e que isso se tornaria minha maior vergonha.

Durante muito tempo, meu relacionamento conturbado com meu pai foi como uma mancha de sangue em uma blusa: não importa quantas vezes você lave, a mancha continua lá.

Um dia, quando tinha 21 anos, decidi parar de retornar as ligações dele. Durante os treze anos seguintes, meu pai tentou algumas vezes retomar o contato, mas eu ignorei todas as suas tentativas. O simples fato de pensar em ter que conversar com ele inundava meu corpo inteiro com ondas de apreensão e tensão.

Durante o período em que fiquei afastada do meu pai, houve semanas, meses e até mesmo anos da minha vida nos quais nem cheguei a conscientemente pensar nele. Era como se ele não existisse, então naturalmente concluí que nosso relacionamento — ou a falta dele — não era um problema. Porém, nossa relação nunca deixaria de ser um problema, porque as batalhas mais reais que enfrentamos na vida são aquelas que travamos contra nós mesmos, e nas muitas batalhas que travei — principalmente com relação ao meu amor-próprio — eu sempre conseguia estabelecer uma correlação com meu pai.

Não foi por acaso que três dos principais romances da minha vida foram com homens mal-humorados, passivo-agressivos e com um histórico de abuso de drogas e álcool. E que um desses homens, como escrevi na Verdade 4, também tenha sido fisicamente agressivo e abusivo.

Por anos, neguei que minha relação difícil com meu pai impactasse nos meus relacionamentos amorosos. Quando fingia que ele não existia, convenci a mim mesma de que todos os problemas que tinha com ele simplesmente desapareceriam. Foi só quando passei dos trinta anos que tive o autoconhecimento necessário para admitir para mim mesma que viver em negação sobre a existência dele não estava me ajudando. Finalmente percebi que gastava mais energia tentando bloqueá-lo do que se permitisse que ele voltasse para minha vida de alguma forma. Decidi restabelecer um contato mínimo e consegui impor alguns limites. Eu precisava me lembrar com frequência de que não era mais uma criança e que, se fosse para termos algum tipo de relacionamento, seria do meu jeito. Se ele fosse sarcástico de alguma forma — o que ele era, principalmente quando não gostava do que eu falava ou quando eu não respondia seu e-mail rápido o suficiente —, meu ego assumia o controle e eu ficava na defensiva. Se ele quisesse estar na minha vida, teria que perceber que eu não era mais a Jillian criança e medrosa.

Eu agora era a Jillian brava, no melhor estilo *quero ver você mexer comigo*. Se ele quisesse me conhecer, teria que passar pelo meu ego teimoso primeiro.

Por outro lado, eu ainda me sentia alérgica a ele. Meu corpo era tomado por apreensão e raiva toda vez que eu pensava nele, enviava um e-mail para ele ou o via. Eu estava presa no tempo. Embora tivesse 35 anos, quando o assunto era ele, era como se eu tivesse 7 anos. Foi só quando tudo desmoronou na minha vida que finalmente consegui curar aquela ferida.

Este capítulo vai mostrar a você como começar a curar suas feridas.

O que aconteceu em 2014 — um aborto espontâneo, ser abandonada pelo meu marido, seguido de um divórcio e da morte da minha mãe — me mudou. Tornar-me *coach* de relacionamento para pessoas solteiras e casadas também me mudou. E, quando mudamos, também mudamos a forma como vemos os outros.

Eu ainda podia sentir a negatividade do meu pai. Mas, em vez de ser afetada por ela, eu entendia que os demônios dele eram uma luta dele e não minha. À medida que fiquei mais consciente do meu próprio sofrimento — dos meus conflitos internos, das sombras das quais eu fugia e dos meus próprios demônios pessoais —, consegui ter empatia pelo sofrimento dele, em vez de julgá-lo ou fugir dele. Sou adulta. Ele não tem poder sobre mim. Ele estava mais velho e tinha abrandado. Anos antes, tinha reconhecido seu fracasso como pai e sentia remorso. No entanto, mesmo que ele não sentisse, não teria problema. Nossa memória tem um poder inegável, e era fácil resgatar uma lembrança da infância e rapidamente voltar a ser a pequena Jillian e a odiá-lo. No entanto, entendi que não precisava mais fazer isso. Não precisava mais me proteger. Não era mais a Jillian adolescente. Não era mais a garota de 21 anos que decidiu não retornar as ligações dele por treze anos. Escolhi permanecer firme no presente, e na verdade de quem sou, *hoje*. Esse entendimento se mostrou revelador para a minha vida amorosa e será para a sua também.

O seu relacionamento com seus pais não precisa ter sido conturbado para ter tido um impacto nos seus relacionamentos amorosos. Você pode ter sido muito próximo da pessoa ou das pessoas que o criaram e ainda assim precisar curar feridas que estão interferindo na sua vida amorosa. Essa verdade não tem a ver com o fato de que você deveria "escolher o amor ao invés do medo", nem é uma história de felizes para sempre sobre me reconectar com meu pai. É sobre crescer. Nossas relações amorosas da fase adulta vão reencenar o drama das nossas infâncias até que curemos nosso relacionamento com um ou ambos dos nossos pais. Essa verdade também *não* quer dizer que você precisa se reconectar com um pai ou mãe que foi extremamente abusivo com você. Não significa que você não vai precisar estabelecer limites com determinados membros da sua família. O que ela defende é que, em vez de enxergar seus pais pelo olhar do seu eu do passado, você precisa aprender a enxergá-los com seu olhar adulto, mais velho e mais sábio. Quando fizer isso, você os verá de um jeito diferente.

Como nossos cuidadores influenciam nossos relacionamentos em todos os aspectos

Às vezes seguimos o modelo de relacionamento(s) dos nossos pais. Às vezes fazemos exatamente o contrário. Às vezes, se o relacionamento deles foi tóxico, dizemos para nós mesmos *Nunca vou passar por isso*, e nos tornamos hipervigilantes em nossa busca por uma parceria saudável.

Nossos cuidadores influenciam nossos relacionamentos românticos em todos os aspectos, embora nem sempre seja uma influência negativa. Às vezes namoraremos alguém que se parece com nossa mãe ou nosso pai em vários aspectos, mas isso não é necessariamente algo ruim. E às vezes fazemos exatamente o contrário. O contexto é importante, e fatores como nosso ambiente social, nosso trabalho e nossa saúde física podem influenciar também. Meu relacionamento de cinco anos e meio quando tinha 20 anos não tinha nada de disfuncional. Além disso, os dois relacionamentos que tive na faculdade — apesar de terem sido bem breves — foram praticamente livres de drama. Como isso acontece? É difícil responder com certeza; só sei que é comum que as pessoas tenham pelo menos uma relação saudável, mesmo quando seus outros relacionamentos não foram. O motivo em grande parte está relacionado a outros estressores presentes na vida da pessoa quando o relacionamento tóxico tem início. Por que uma criança que cresceu em um lar desfeito cresce, se casa com a pessoa certa e constrói um relacionamento duradouro e gratificante, enquanto outra criança, uma que cresceu em um lar estável, não consegue se comprometer com ninguém? Por mais que os especialistas teorizem sobre o motivo de essas coisas acontecerem ou não, também temos que reconhecer que a vida costuma ser um mistério.

Na maior parte do tempo nos sentimos atraídos pelo que nos é familiar. Nosso subconsciente escolhe nossos parceiros, e geralmente escolhe aqueles que nos permitem recriar dinâmicas familiares, ainda que sejam disfuncionais, da nossa infância. Isso não quer dizer que estamos todos perdidos. Prometo que nem tudo está perdido quando se trata de habilidades de relacionamento que nos foram ensinadas. Quando nos conscientizamos de nossos padrões e lidamos com alguns dos problemas que temos em função das nossas infâncias, podemos mudar o destino de nossos relacionamentos. Podemos escolher melhor, nos comunicar melhor e amar melhor.

Somos profundamente vulneráveis em nossos relacionamentos amorosos; e, como você já viu na Verdade 1, o medo profundo de não sermos amados é facilmente despertado durante esses relacionamentos. Além disso, nossos primeiros professores de amor, de comunicação e de conflito foram nossos pais ou cuidadores primários. É por isso que a maioria de nós tem dificuldades no amor: porque nossos pais ou cuidadores provavelmente também tiveram.

Se você teve um pai ausente como eu tive, quando sentir que um interesse romântico está se afastando de você, seu subconsciente provavelmente vai se lembrar daquela escassez, e sua ferida mais profunda de não ter recebido amor e ter sido abandonado será reaberta.

Se os seus pais eram muito fechados e não expressavam abertamente suas emoções, você pode ter dificuldade de se expressar emocionalmente, de demonstrar vulnerabilidade e de criar proximidade em seus relacionamentos amorosos.

Se você testemunhou mais animosidade do que amor entre seus pais, é possível que você associe os relacionamentos tanto a sofrimento quanto a briga em seus relacionamentos também. Ou talvez evite todo tipo de confronto e se feche em vez de se comunicar.

Se você teve um pai narcisista ou emocionalmente imaturo, existe a possibilidade de ter namorado uma ou mais de uma pessoa narcisista ou emocionalmente imatura.

Se você cresceu com pais alcoolistas, é provável que já tenha se apaixonado por uma ou mais pessoas com vícios.

Se você era a garotinha do papai, talvez ache que ninguém se compara ao seu pai ou talvez só namore "pessoas complicadas" porque não quer substituir seu pai.

Se suas ações raramente tinham consequências na infância e você não fazia nada de errado aos olhos da sua mãe ou do seu pai, é possível que você espere receber amor incondicional de seus parceiros, independentemente do seu comportamento.

Se você via seu pai como alguém severo, bravo ou desregulado emocionalmente, pode ser que tenha decidido ser um "bom rapaz" para nunca ser como ele. Essa decisão pode ter transformado você em alguém que gosta de agradar e que nunca verbaliza o que precisa em um relacionamento.

Se você aprendeu que a única pessoa com quem pode contar é você mesmo, provavelmente tem dificuldade para confiar nos outros, e talvez seja difícil para você deixar que o amor por outra pessoa tome conta do seu coração.

Esse era o caso de Gabriela.

Meninas não choram

Gabriela era uma mulher de 35 anos, muito organizada, responsável, batalhadora e focada em seus objetivos e conquistas, que trabalhava no setor financeiro. Ela foi criada no meio-oeste dos Estados Unidos por uma mãe solo, colombiana, forte e independente, que trabalhou duro para oferecer a melhor educação para a filha. A mãe de Gabriela a ensinou a ser forte, dedicada e responsável. São qualidades inegáveis e, com certeza, ótimas lições para Gabriela em sua vida profissional, mas que não ajudavam em sua vida amorosa.

Gabriela me procurou alguns meses depois de ter perdido a mãe para o câncer. Sua mãe sempre quis que ela se casasse, e agora não estava mais aqui. Gabriela queria ter a própria família, mas não sabia por onde começar. O relacionamento mais sério que teve durou apenas seis meses.

No nosso primeiro encontro, Gabriela disse:

— Minha mãe uma vez me falou que meninas não choram, por isso tento não sentir tanto... ou me descontrolar.

Fiquei chocada com o que ela disse. Eu já tinha ouvido a frase (ridícula) "meninos não choram", mas nunca tinha ouvido falar de uma menina que tenha ouvido que *meninas não choram*.

A vulnerabilidade é, em vários aspectos, um superpoder, embora a sociedade, ao invés de incentivar as crianças a se conectarem com próprias emoções, diga a elas que a vulnerabilidade é uma fraqueza. Nós, mulheres, temos uma inclinação natural para nos conectarmos com nossa intuição e nossas emoções, mas Gabriela estava completamente desconectada dessa parte de si mesma, e isso estava afetando sua capacidade de ter um relacionamento amoroso cheio de afeto. Ela acreditava que, para ser forte, responsável e resiliente, precisava rejeitar todas as suas vulnerabilidades, como a sensibilidade, a abertura e a disposição de aceitar o apoio dos outros, necessárias para criar intimidade com outra pessoa. Estabelecer limites é uma coisa; Gabriela tinha se cercado com muros de ferro. Muros nos aprisionam.

Enquanto observava Gabriela, percebi que ela estava emocionada, mas lutava contra a vontade de chorar. Dava para ver o luto em seus olhos, bem como nos seu ombros curvados para a frente. Enxerguei a tensão no canto de sua boca, um padrão que eu notava com frequência em pessoas que apertavam os dentes. Gabriela era muito controlada, estoica e tensa. Controlar os próprios sentimentos para parecer invulnerável era um comportamento aprendido, que eu acreditava ser bastante prejudicial para o bem-estar dela.

— Deve ser muito difícil para você em seus relacionamentos amorosos... não conseguir expressar como se sente — eu disse a ela.

— Com meu ex-namorado, nós não ficamos muito próximos mesmo. Quero dizer, não que eu não quisesse. Sempre senti que alguma coisa estava faltando, mas não conseguia descobrir o que era.

Eu disse a ela que não estava surpresa de ouvir isso e também:

—Acredito que sua mãe tenha dito a você que meninas não choram porque queria protegê-la de um mundo que, para ela, se aproveitaria de você caso você não fosse forte e bem-sucedida.

— Sim, eu também acredito nisso.

— Ótimo — eu disse. — Agora que você já provou que *é* responsável e conquistou muito sucesso na sua carreira, talvez devêssemos focar em te ajudar a encontrar equilíbrio para que você possa sentir alegria, amor e liberdade também.

Ela sorriu sem graça:

— Isso seria bom. Mas como?

— Se sua mãe soubesse o quanto você é fechada em seus relacionamentos, você acha que ela ficaria feliz?

— Não. Na verdade ela sempre quis que eu me casasse e tivesse uma família. Ela nunca entendeu por que meus dois últimos relacionamentos terminaram depois de alguns meses. Acho que nós duas pensamos que era porque eu não tinha conhecido a pessoa certa ainda.

Costumo me aprofundar rápido com os clientes. Durante nossa sessão de duas horas, eu queria me aprofundar com Gabriela. Mas antes de fazer isso eu precisava fazer uma pergunta importante. Eu jamais projetaria minhas crenças espirituais em um cliente. Primeiro, procuro saber quais são suas crenças religiosas ou espirituais, se o cliente tiver alguma, para depois ajudá-lo com base nessas crenças, se for o caso.

— Estou curiosa, Gabriela. Você acredita que sua mãe ainda pode vê-la e observá-la? Em outras palavras, você acredita que a energia dela ainda está presente ao seu redor?

— Sim — ela respondeu categórica.

— Que mensagem você acredita que ela enviaria para você, se pudesse?

— Bom, sei que ela quer que eu conheça um rapaz bem legal, me case e comece uma família... que é algo que eu realmente quero também — ela disse, como se quisesse me tranquilizar de que os sonhos dela estavam alinhados com os da mãe.

— O que você acha que ela lhe diria para fazer, para que isso aconteça? —perguntei, fitando os olhos de Gabriela com gentileza.

Ela olhou para cima, buscando em sua mente pela resposta:

— Acho que ela me diria para parar de ser tão certinha. — Ela riu um pouco. — E para não me preocupar tanto com minha lista de compromissos e meus resultados no trabalho. — Quero dizer, acho que ela ainda gostaria que eu focasse no trabalho, mas também que eu fosse menos exigente comigo mesma.

Esse foi um momento crítico na minha conversa com Gabriela. Durante grande parte de sua vida, ela acreditou que para ser suficiente para a mãe ela precisaria ser a menina que não chora — que é invulnerável às injustiças e dificuldades do mundo. A mãe dela, baseada base nas próprias experiências de mundo como mãe solteira e também imigrante, sem querer, condicionou Gabriela a supervalorizar qualidades como independência e ambição e a subvalorizar qualidades como leveza e sensibilidade. Reconhecer que a mãe gostaria que ela "parasse de ser tão certinha" e de "se preocupar tanto" era importante. Significava que Gabriela poderia começar a deixar de ser tão rígida e controladora.

Desde que minha própria mãe morreu, tive muitos momentos nos quais pensei: *Minha mãe estaria tão decepcionada comigo* se eu fizesse isso ou não fizesse aquilo. Percebi que estava tomando muitas decisões com base naquilo que ela gostaria; e, quando eu não fazia o que achava que ela gostaria, ficava com muita vergonha. Mesmo depois de sua morte, eu ainda buscava pela aprovação dela.

De muitas formas, no entanto, eu me sinto mais próxima da minha mãe hoje, quando ela não mais não está mais aqui, do que quando ela estava. Essa foi uma descoberta inesperada para mim. Nós sempre fomos próximas; ela era meu porto seguro na tempestade que era o meu pai. Mas também tínhamos as típicas discussões de mãe e filha, e havia aspectos da minha mãe que às vezes me irritavam ou que até me magoavam. Mas, com a morte dela, não existem mais oportunidades para me irritar com ela ou de termos discussões típicas de mãe e filha. Só sobrou amor.

Depois da morte de um dos pais, o seu eu rebelde talvez pense: *A mamãe não está mais aqui. Tenho autonomia completa. Posso fazer o que eu quiser. Não preciso ouvir conselhos que não pedi do clube das senhoras!* Por outro lado, você ainda se sente conectado com aquele pai ou mãe e quer agradá-lo.

Muitos de nós também nos esquecemos que nossos pais (salvo raras exceções) só querem nos ver seguros e felizes. O que eles desejam para nós não é que sejamos perfeitos, que formemos uma família perfeita ou ganhemos um milhão. Será que você está em um caminho que é autêntico e gratificante para você? Porque na verdade é isso que os pais querem: que as necessidades básicas de seus filhos sejam supridas, para que eles tenham uma bússola moral forte e se tornem membros respeitados da sociedade.

Eu precisava ajudar Gabriela a desenvolver uma perspectiva mais sábia de sua mãe.

— Por que você acha que sua mãe lhe disse que "meninas não choram"? — perguntei. — Será que, se ela soubesse que tantos muros seriam erguidos ao seu redor, ela teria dito isso?

— Não — Gabriela respondeu rapidamente.

— Então, por que você acha que ela disse?

— Porque ela queria ter certeza de que eu iria sobreviver?

Plim Plim Plim! Bingo. Gabriela estava prestes a ter uma revelação e eu não poderia estar mais empolgada.

A mãe dela era um protótipo impressionante do sonho americano. Ela veio para os Estados Unidos sozinha aos 20 anos e imediatamente começou a fazer faxina em residências para pagar o aluguel de um apartamento minúsculo na Flórida. Sete anos depois ela já tinha o próprio negócio, que cresceu e se tornou uma das principais empresas de limpeza da Flórida, com cinco filiais. Dizer para a filha que "meninas não choram" era sua tentativa de ajudá-la a ser a pessoa mais forte e mais capaz que ela poderia ser. A mãe dela estava tentando ajudá-la a não permitir que o mundo a engolisse.

— Isso mesmo — eu disse para Gabriela. — Essas palavras da sua mãe tiveram tanto impacto em você que praticamente moldaram quem você é, Gabriela. Porém, nossa missão como adultos é investigar o significado por trás das palavras que nos impactaram, para que talvez possamos parar de interpretá-las tão literalmente. Precisamos entender o contexto que as cerca. Faz sentido?

— Sim, faz sim. Nossa. É louco pensar o quanto isso me afetou. Eu não me lembrava bem disso até que começamos a conversar.

Gabriela me confidenciou que três homens diferentes tinham dado a ela pareceres semelhantes. Todos lhe disseram que tinham muita dificuldade para decifrá-la e que se sentiam mantidos a distância. Eles nunca conseguiam saber como ela se sentia em relação a eles, e era difícil se aproximar dela.

Não pude deixar de pensar que Gabriela era como os homens emocionalmente indisponíveis dos quais tantas clientes minhas e seguidoras nas redes sociais reclamavam. Ela era como um homem estoico por fora, mas por dentro, pelo que podia ver, era uma mulher extremamente vulnerável que ansiava por amor e por construir a própria família. Esse era o principal conflito interno dela, e a morte da mãe foi uma oportunidade para que Gabriela encontrasse sua autonomia e, ao mesmo tempo, construísse um relacionamento com o espírito da mãe, que realmente só queria o melhor para ela.

Arrisquei e introduzi um pouco de humor na nossa conversa:

— É quase como se você fosse o homem emocionalmente indisponível da relação!

Ela achou graça, felizmente.

— Meu Deus. Você tem razão. Quem diria! E eu achando que *eles* fossem os indisponíveis emocionalmente — ela respondeu, empolgada.

— Gabriela, você pode pegar as melhores partes da sua mãe, mas não precisa ser a sua mãe. As suas circunstâncias são diferentes das dela. Você não precisa ser tão dura consigo mesma para sobreviver. Você pode ser muito ambiciosa e também ser vulnerável e se permitir chorar.

Muitas vezes, ao longo de nossas sessões juntas, notei que Gabriela lutava muito para conter as lágrimas, principalmente quando estava falando sobre a mãe. Naquela sessão não foi diferente. Na hora em que eu lhe disse que ela não precisava ser a mãe; que ela não precisava escolher entre ser ambiciosa e vulnerável, foi como se seu corpo estivesse liberando os anos de tensão que tinha acumulado. Os ombros dela relaxaram e o maxilar também. As lágrimas começaram a encher seus olhos.

— Você pode se soltar, Gabriela. Você pode chorar, e quando o fizer vai se sentir muito melhor. Você vai se sentir muito relaxada depois. Toda essa tensão no seu pescoço, nos seus ombros, vai sumir. Chorar nada mais é do que liberar aquela energia parada que quer desesperadamente ser libertada — eu disse, demonstrando compaixão.

E ela chorou.

Gabriela e eu trabalhamos juntas por cerca de cinco meses. Lembro que entre as sessões ela me enviava mensagens dizendo: "Tive uma boa sessão de choro hoje ☺".

E eu respondia: "Que ótimo! O que será que a sua mãe acharia disso?".

"Acho que ficaria feliz por eu me sentir bem quando choro."

Mudando a história

Precisamos romper com nossos pais como líderes do nosso sistema de crenças, para que possamos salvar ou até mesmo melhorar nossa relação com eles. A maioria de nós caminha pela vida como feridos ambulantes, inconscientemente controlados pela nossa necessidade de buscar a aprovação de nossos pais. Esse rompimento não tem a ver com culpar nossos pais, e sim com a criança que mora dentro de todos nós, que, na vida adulta, continua vivendo uma vida sem consciência e sob a influência do condicionamento que recebeu dos pais. Alguns desses condicionamentos são positivos, como aprender a ser educado com estranhos. Talvez seus pais o tenham condicionado a ter uma excelente ética de trabalho. Talvez você tenha visto seus pais priorizarem a família, e seja muito importante para você ver o mundo também pelo olhar da família.

Nem todo condicionamento é "ruim". O objetivo é estar ciente do que você quer manter, em contraste com o que tem sabotado suas chances de se sentir mais pleno. Quando rompemos com nossos pais para que eles deixem de ser soberanos em nossas crenças, recuperamos versões nossas que nunca imaginamos que "deveríamos" ser; nos damos permissão para ser plenos; para ser autênticos. Partindo de um lugar de autenticidade, podemos amar nossos pais como adultos, e não como crianças carentes. Podemos respeitar nossos pais sem precisar agradá-los. Se necessário, vamos estabelecer limites.

Quando fazemos isso, evoluímos, e nossos relacionamentos evoluem também.

Para Gabriela se sentir mais inteira e autêntica, ela precisava colocar um ponto-final na história sobre quem ela acreditava que deveria ser. Enquanto ela continuasse distante de sua vulnerabilidade, seguiria sofrendo em silêncio, questionando por que não conseguia ter o que tanto desejava: um companheiro e uma família para chamar de sua. Ela não estava errada de acreditar no que acreditava. A mãe dela era sua heroína. Elas eram muito próximas.

Se a mãe tivesse dito que meninas não choram porque precisam ser fortes, corajosas e independentes, era isso que Gabriela faria. Entretanto, essa história precisava ser investigada sob um ponto de vista diferente. Gabriela precisava se colocar no lugar da mãe e entender *por que* ela tinha dito isso, para entender todo o contexto. Para recuperar as partes perdidas de si mesma, ela precisava dar a essa história um significado diferente e reconhecer que sua mãe lhe diria algo diferente hoje. Gabriela precisava se individualizar e se separar da mãe para se reconectar com a própria autenticidade.

Como adultos, precisamos dar o primeiro passo. Se buscamos a cura — principalmente em nossos relacionamentos amorosos —, temos a responsabilidade de olhar para nosso passado com o olhar do nosso eu mais sábio e mais maduro. Precisamos ter curiosidade e investigar. Na maior parte do tempo nossos pais são como estranhos para nós. Mesmo se fôssemos próximos a eles, é raro que na infância perguntássemos sobre seus sonhos, desejos mais profundos e arrependimentos, ou mesmo sobre a primeira vez que se apaixonaram ou se meteram em confusão. Em vez disso, vemos nossos pais pelo nosso olhar infantil.

Semanas depois de escrever este capítulo, eu perdi meu pai.

Antes de ele morrer, eu já tinha percorrido uma distância considerável no meu processo de cura com ele; porém, quando ele morreu, senti vergonha de não ter sido capaz de transcender meu ego e meu medo ainda mais, e ter construído um relacionamento ainda mais forte com ele. Por outro lado, felizmente consegui ser gentil comigo mesma. Fiz o melhor que podia. Também existe uma parte de mim que se sente um pouco aliviada de não precisar se lembrar de *ligar para meu pai hoje*. O caminho da cura e da libertação é na verdade um processo, e eu ainda estou passando por ele com meu pai.

Sou profundamente diferente do meu pai. Não luto contra

um transtorno mental. Posso ter tendências egoístas como todos nós, mas não sou narcisista. Também não sou uma imigrante da Polônia que quase não escapou do controle nazista na infância. Apesar disso, não posso ignorar que meu caminho se assemelha ao dele em alguns aspectos. Embora não seja psiquiatra, sou uma *coach* com bastante conhecimento de psicologia que ajuda pessoas a se curarem. Meu pai escreveu livros sobre seu trabalho, como estou fazendo agora. Podemos rejeitar nossos pais o quanto quisermos, mas isso não mudará o fato de que a fruta não cai muito longe do pé.

Ainda que muitas pessoas pudessem me compreender por odiar meu pai, a maior verdade é que eu não estaria onde estou hoje, escrevendo este livro e quem sabe ajudando você, se não fosse pelo meu passado e pelo meu relacionamento com ele. Assim, posso continuar ligada a uma história que me aprisiona no meu ressentimento, medo e tensão, ou posso aceitar que meu sofrimento teve um propósito maior. Posso ressignificá-la, e ao fazer isso posso mudar a história.

O maior sinal do meu crescimento pessoal é que já não namoro homens que são parecidos com as piores partes do meu pai. Não saio mais com homens que representem qualquer uma das dificuldades da minha infância. Se você se fecha, se é passivo-agressivo, se luta contra o vício em drogas ou álcool, se não consegue regular suas emoções, você não tem permissão para entrar na minha vida. Esse padrão foi quebrado, e eu o quebrei fazendo as pazes com meus pais e praticando tudo que escrevi neste livro.

PRATICANDO ESSA VERDADE

Ficando em paz com nossos pais

Ficar em paz com um pai ou mãe difícil não significa que todas as feridas serão curadas e que agora vocês terão uma relação maravilhosa. Também não significa que precisamos amar nossos pais para ficar em paz com quem eles são ou deixaram de ser. Mesmo que seu pai já tenha falecido, ou que você nunca o tenha conhecido, você ainda assim pode encontrar paz.

Passo 1: Viva o luto pelo pai que você nunca teve

Para abrir espaço para um relacionamento mais tranquilo e pacífico com um pai (mesmo que você nunca o tenha visto), você precisa primeiro viver o luto pelo pai que gostaria que ele tivesse sido para você. Todos nós, incluindo nossos pais e os pais *deles*, merecemos ter cuidadores saudáveis e amorosos. No entanto, nem sempre recebemos o que merecemos. Precisamos aceitar o fato de que não tivemos os pais que merecíamos porque eles também não tiveram. Fazemos isso ficando de luto: sentindo o que sentimos; às vezes escrevendo sobre eles; permitindo que a dor entre e em seguida liberando-a — quantas vezes for preciso. Eu ainda tenho momentos em que fico de luto pelo pai que gostaria de ter tido. O que me ajuda hoje é me lembrar de que não ter recebido o que eu merecia me deu o que eu precisava para crescer. Eu não estaria aqui hoje, escrevendo este livro, se tivesse tido o pai que sempre quis.

Passo 2: Esteja aberto para enxergar seus pais de um jeito diferente

Ficar em paz com nossos pais não tem tanto a ver com eles e sim com a história deles, sobretudo a nossa história com eles. Cada lembrança que temos deles é como a cena de um filme, ou a página de um capítulo que não pode ser apagada. Isso porque as histórias nunca morrem. Nossas interpretações, por outro lado, podem mudar completamente o arco de uma história. Muitas pessoas, inclusive eu até começar a me curar, somos assombradas pelas histórias de nossos passados, e essas histórias servem como pontos de referência poderosos, ainda que negativos, para nossa vida adulta. Quando lembramos de nossos pais ou da nossa infância, revivemos as mesmas memórias que revivemos desde muito novos. Ao fazer isso, alguns pensamentos são reforçados, por exemplo: *Eles nunca mudam; Eles são uns desgraçados; Eles me ferraram tanto; Eles deveriam ter feito diferente; Como eles puderam fazer isso?; Eles não se importavam comigo; Se me amassem mesmo não teriam...*; e por aí vai. E, quando fazemos isso, ficamos com ainda mais raiva, ainda mais tristes e ainda mais desiludidos. Ficamos com mais traumas. Repetimos mais ciclos negativos que recriarmos em nossos relacionamentos.

Para mudar a maneira como olhamos para a história, precisamos mudar o jeito como olhamos para os nossos pais. Na infância, não víamos nossos pais como seres humanos; nós os víamos como super-heróis. À medida que fomos crescendo, ao invés de vê-los como seres humanos falhos, que estavam fazendo o melhor que podiam, continuávamos, inconscientemente, esperando que eles fossem super-heróis: que nos passassem segurança, fossem altruístas e nos protegessem. Está na hora de enxergar nossos pais com a sabedoria da nossa versão adulta e não mais pela perspectiva da nossa versão infantil vulnerável e dependente.

A seguir, sugiro dez perguntas que você pode fazer para sua sábia versão adulta, para que possa enxergar seus pais de um jeito diferente:

1. Consigo entender por que eles são como são?

2. De que maneira vê-los de um jeito diferente ajudaria na minha vida amorosa hoje?

3. O que eu ganho com minha história sobre eles? Ela me valida? Ela me ajuda a criar vínculos com outros membros da família? Ela me faz sentir qualificado?

4. Qual parte minha se parece com eles? De que maneira tenho rejeitado a parte de mim que é como eles?

5. É possível que eles não tenham noção do impacto que tiveram em mim e nos outros?

6. Será que minha perspectiva sobre eles foi influenciada por outro familiar?

7. Será que eles sofreram? Como foi a infância deles?

8. Será que sou resiliente e forte por causa deles? Será que herdei alguns de seus dons?

9. Será que ainda nutro expectativas sobre meu relacionamento com eles que preciso abandonar?

10. É possível que eles tenham mudado de alguma forma? É possível que minha crença sobre eles esteja desinformada e desatualizada?

Passo 3: Se possível, converse com seu(s) pai(s)

Como vimos na Verdade 5, muitos de nós passamos a vida evitando ter conversas difíceis. Talvez não seja possível ou seguro para você conversar com sua mãe ou seu pai; e nesse caso você não deveria tentar. Mas, se *for* possível e seguro, recomendo que você converse com um ou com ambos sobre as experiências deles. Será que você consegue conversar com eles de um lugar de curiosidade? O objetivo da conversa é entender quem eles são, para além de suas identidades como sua mãe ou seu pai. Você pode perguntar sobre a infância deles, seus objetivos, suas melhores lembranças e talvez as mais difíceis. A seguir, listo alguns exemplos de perguntas que você pode fazer para seus pais:

1. Como era o seu relacionamento com seus pais?

2. Como o amor era demonstrado na casa em que você cresceu?

3. Você era castigado?

4. Qual era a sua brincadeira favorita na infância?

5. Qual o seu maior arrependimento?

6. Você gostaria de ter seguido uma carreira ou um caminho diferente?

7. Quando foi a última vez que você se divertiu de verdade, e por quê?

8. Quando foi a primeira vez que você se apaixonou? Quando foi a primeira vez que sofreu uma desilusão amorosa?

9. O que é mais importante para você? Isso mudou ao longo dos anos?

Uma observação sobre limites

O primeiro estágio do meu processo de cura em meu relacionamento com meu pai teve a ver com estabelecer limites para ele. Eu não era mais a criança que não tinha voz. Se você sentia que não tinha voz no seu relacionamento com um ou ambos os seus pais, é crucial que você se lembre de que não é mais indefeso. Uma parte importante de como se relacionar com seus pais depois de adulto é agir como adulto. Você não precisa ficar com medo de impor regras sobre como quer ser tratado e quais seriam os limites com relação ao que você pode ou não fazer por eles. O destino final é um lugar onde o seu ego não está mais envolvido. Você não leva mais as coisas para o lado pessoal. O que não significa renunciar a todos os limites, e sim que você não precisa mais ficar tão na defensiva.

Uma observação para aqueles que sofreram abuso físico ou sexual de um cuidador: Você não tem que perdoar o seu cuidador. Ele não merece o seu perdão. Espero, no entanto, que você comece a *se* ver por um ponto de vista diferente. Você não é só um sobrevivente. Também é um herói. Todo mundo que precisou superar um trauma tão terrível é a pessoa mais corajosa de todas.

Uma observação para quem estiver em um relacionamento: Não importa como foi a sua infância ou o quanto você e o seu parceiro sejam compatíveis; vocês ainda assim farão coisas que serão um gatilho um para o outro. Espero que não o façam com tanta frequência, mas é uma coisa que vai acontecer. Ter consciência disso é essencial. Você precisa saber quais traumas o seu parceiro carrega e se comprometer a não ser uma continuação da história que foi uma fonte de dor para ele. Em outras palavras, para ser uma pessoa consciente em um relacionamento, você precisa dar o seu melhor para não traumatizarem novamente um ao outro. Por exemplo, se a mãe do seu parceiro se afastava com frequência, então você precisa ter consciência para não se afastar também. Se o pai da sua parceira era controlador, então você precisa fazer o possível para não ser controlador também, mesmo que esse tenha sido seu padrão em outros relacionamentos.

Depois que meu pai faleceu, encontrei fotos dele que nunca tinha visto antes na vida, e uma em particular me chamou a atenção. Era ele, com mais ou menos a minha idade, fazendo a postura do pombo. Ele nunca conversou comigo sobre ioga, por isso fiquei chocada ao vê-lo fazendo uma postura comum de ioga que alonga os quadris. Vi o quanto me parecia com ele; o quanto meus membros compridos, que sempre achei que eram mais parecidos com os da minha mãe, eram mais parecidos com os dele. Era intrigante o quanto o jeito como ele fazia a postura do pombo era parecida com a minha. Foi um momento terno e de aprendizado, que me fez perceber que talvez aquele homem tenha sido mais do que um pai difícil e um péssimo marido. Ele era outro ser humano não só tentando fazer o melhor que podia, mas também tentando sustentar tudo isso e a postura do pombo ao mesmo tempo. E eu era mais parecida com ele do que imaginava.

CONCLUSÃO

Nunca é tarde demais para escolher a si mesmo

Se você tivesse me conhecido aos 30 anos, nunca imaginaria que eu era uma pessoa com problemas de relacionamento. Eu não via problema em dançar conforme a minha própria música. Tinha amizades sólidas e relacionamentos amorosos livres de drama; também tive um relacionamento cheio de amor que durou mais de cinco anos no início da vida adulta.

No entanto, como você viu, também tive um relacionamento abusivo. Tive relacionamentos nos quais corri atrás de homens indisponíveis porque queria muito ser amada e ter um parceiro. Eu achava que tinha perdido o rumo depois que me casei, quando na verdade comecei a perder o rumo antes mesmo de conhecer meu ex-marido. Eu não me sentia realizada. Não sabia o que queria da vida, mas, como todos nós, sabia que queria um amor. Quando me casei, já passando da metade dos trinta, me tornei prisioneira das minhas limitações. Eu acreditava que o relacionamento com meu ex era mais importante do que meu relacionamento comigo mesma e por isso me traí inúmeras vezes para manter a paz. Eu não tinha as ferramentas para me comunicar bem quando as coisas ficavam difíceis entre nós. Também não sabia verbalizar o que eu precisava — porque eu não fazia ideia de que verbalizar o que você precisa era possível em um relacionamento! Eu também não conseguia deixar de lado minhas necessidades para ouvi-*lo* quando *ele* estava chateado, porque quase sempre me sentia uma vítima. Eu não tinha coragem de deixar terminar o relacionamento, que claramente não estava indo bem, porque, na minha percepção, "divórcio" era uma palavra ruim. Se eu fosse divorciada, seria uma fracassada. Também não podia terminar porque sentia que não tinha nada sem ele.

Essas eram as minhas limitações.

Transformei estar em um relacionamento em um trabalho em tempo integral; dar aulas de ioga era algo que fazia paralelamente. Perdi o rumo e quase sempre me sentia uma garotinha presa em um corpo de mulher. O fim do relacionamento, combinado com a morte da minha mãe, me forçou a crescer rápido; entretanto, foi nesse momento que virei o jogo e finalmente me escolhi. Mas lembre-se: você não precisa de uma tragédia ou de um rompimento para acordar. Só precisa estar disposto a olhar para dentro.

Algumas pessoas precisam fazer seu trabalho ser *menos* importante para que possam se concentrar em amar melhor seus parceiros. Para mim, a missão era realmente encontrar minha voz no mundo. Depois do divórcio, decidi que não tentaria mais ser mãe. Foi uma decisão muito difícil, que me forçou a viver o luto por aquilo que eu e a sociedade sempre esperamos que eu seria. Mas a vida tinha planos diferentes para mim, e no fundo uma parte de mim sabia que escolher a mim mesma significaria seguir um caminho diferente.

Estudei relacionamentos porque queria estar o melhor preparada possível para o próximo. Antes eu achava que passado um tempo do término, eu encontraria um parceiro e seriam feliz. Porém, embora o tempo ajude a curar a dor, ele não rompe padrões. Percebi que não era meramente questão de tempo ou de encontrar um novo parceiro. Eu também precisava mudar e queria saber não só como escolher bem um parceiro, mas também como criar um relacionamento melhor, começando comigo mesma.

Se eu tivesse mais habilidades, atrairia alguém com mais habilidades também. Os semelhantes se atraem. A água sempre encontra o próprio caminho. Nossa tendência é nos sentirmos atraídos por alguém que tenha um nível de consciência semelhante ao nosso.

O que eu precisava fazer não era só aprender sobre meu estilo de apego, mas também a amar a mim mesma, e amar o outro com menos ego. Eu tinha muito trabalho pela frente, e tudo o que aprendi eu ensinei aos outros, o que me ensinou ainda mais.

Não fui criada para seguir meus sonhos. Eu era o tipo de garota que facilmente desistiria de seus sonhos para ir atrás de um namorado. Durante grande parte da vida, tive muito medo, dúvidas e incertezas; por isso, escolher a mim mesma significava descobrir como cultivar o sentimento de segurança e certeza dentro de mim. Para isso, eu precisava finalmente deixar meu trabalho em tempo integral como professora de ioga e começar uma nova carreira ensinando as pessoas sobre o amor. Precisei colocar todo o meu foco na construção do meu amor-próprio. Fiz isso suprindo minhas necessidades. Voltei a estudar para poder me tornar uma *coach*. Eu precisava ter mais independência financeira, então trabalhei muito para poder me tornar uma empreendedora, mesmo que jamais tivesse imaginado que isso seria uma possibilidade para mim. Cultivei minhas amizades para que pudesse sentir mais amor e conexão na minha vida que não estivessem relacionados ao romance. Li dezenas de livros e participei de seminários semanalmente. Eu queria escrever, embora nunca tivesse escrito antes, então comecei com uma *newsletter*, na qual compartilhava tudo que sabia sobre pessoas, amor e relacionamentos.

Durante todo esse período, continuei olhando para dentro de mim com a intenção de me conhecer, de me perdoar e de romper com os padrões que não me ajudavam mais.

Meu coração ficou despedaçado em 2014, mas eu precisava fazer aquela catástrofe significar outra coisa além de que a minha vida tinha acabado. Eu precisava fazer isso significar que a minha vida estava começando.

Meus pais não foram exemplos de como ter um relacionamento saudável, também não foram bons exemplos de como ter uma autoestima saudável. Portanto, precisei ensinar tudo isso a mim mesma, com a ajuda de mentores incríveis e especialistas brilhantes cujos ensinamentos eu devorava. Meus alunos e clientes também se tornaram meus professores. Quando integrei as nove verdades na minha vida, eu me tornei mais plena.

Hoje, estou longe de ser perfeita, mas me escolho e sei que sou merecedora. Sei o que é um amor saudável e sei como é ter amor-próprio, ainda que às vezes continue sendo dura comigo mesma. Sei quais são meus demônios, mas também não sou ingênua a ponto de acreditar que sou a única que *tem* demônios para enfrentar.

Muitas pessoas envelhecem, mas nem todas envelhecem com sabedoria.

Não vejo meus erros como fracassos, vejo-os como fonte de sabedoria. Se você fugir dos seus erros, estará sempre infeliz repetindo os mesmos padrões. Entretanto, se estiver disposto a prestar atenção ao que os seus erros estão tentando lhe ensinar, poderá usá-los como medalhas de honra, porque foram lições que o forçaram a evoluir e a se tornar uma pessoa melhor. Aprenda as lições como eu aprendi. Você não precisa ter medo da sua mãe ou do seu pai. Não precisa agradar para ser amado. Não precisa mais continuar fazendo esse joguinho. Você pode escolher um caminho melhor. Só de ler este livro, você já mudou. Você desenvolveu mais autoconsciência e um caráter mais forte.

Escolhendo a si mesmo

Você não precisa estar completamente curado para ter um relacionamento feliz e estável. Todos estamos em construção. No entanto, você precisa finalmente se escolher — e isso se aplica a todo mundo, quer você esteja solteiro, saindo com alguém ou em um relacionamento sério.

Escolher a si mesmo não implica necessariamente escolher estar solteiro, embora seja uma possibilidade. Por exemplo, muitas pessoas escolhem ficar solteiras por um período porque estiveram em relacionamentos tóxicos e querem investir em si mesmas, bem como romper padrões.

Porém, escolher a si mesmo não tem a ver com se voltar contra alguém que o prejudicou e transformá-lo em vilão. Escolher a si mesmo é decidir viver sua vida com o máximo de autenticidade e integridade possível. Em última instância, escolher a si mesmo é se tornar o herói da sua história.

Escolher a si mesmo é se comprometer com a vida que você sabe que deveria ter, mesmo que não seja aquela que seus pais queriam ou a que a sociedade lhe disse para ter.

Escolher a si mesmo significa decidir aprender novas habilidades para que você possa cocriar o relacionamento que quer e merece.

Escolher a si mesmo é fazer um esforço consciente para se comportar, o máximo possível, como o seu Eu Superior em seus relacionamentos.

Escolher a si mesmo significa deixar para trás pessoas e relacionamentos tóxicos e exigir mais para a sua vida.

Escolher a si mesmo significa conviver com seu desconforto quando o que preferiria fazer é fugir, evitar ou controlar.

Escolher a si mesmo é fazer uma pausa em vez de reagir imediatamente.

Escolher a si mesmo é não permitir que aquilo que a sociedade prega sobre a idade o impeça de realmente viver. É se divorciar aos 40 anos, se casar aos 50 e correr atrás dos seus sonhos aos 60.

Escolher a si mesmo é aprender a cuidar de você emocionalmente e financeiramente, mesmo quando nunca imaginou que poderia fazer isso e nunca aprendeu como fazer.

Escolher a si mesmo é se permitir seguir em frente depois de uma desilusão.

Escolher a si mesmo é ter conversas difíceis quando você tudo o que você sabe fazer é manter a paz.

Escolher a si mesmo é se recusar a carregar água na peneira para provar seu valor para alguém.

Escolher a si mesmo é ser assertivo demonstrando firmeza e não rigidez.

Escolher a si mesmo é escalar a montanha.

Escolher a si mesmo é ser quem você é e não quem você acredita que seu parceiro ou interesse amoroso quer que você seja.

Escolher a si mesmo é amar alguém até mesmo quando quer puni-lo.

Escolher a si mesmo significa ter compaixão consigo.

Escolher a si mesmo é correr o risco de ser vulnerável.

Escolher a si mesmo é parar de correr atrás de pessoas indisponíveis para correr atrás dos seus sonhos.

Ao ler este livro, você escolheu a si mesmo.

Não importa o seu trauma, o histórico dos seus relacionamentos, se você está em um relacionamento agora ou não, você sempre pode mudar. O primeiro passo realmente é seu. Você consegue. Não acredite nos pensamentos que lhe dizem que é tarde demais para você, ou que você não é bom o bastante.

Quando você reflete sobre a sua vida amorosa e todos os seus relacionamentos anteriores, qual é a história que conta para si mesmo? Ela está repleta de angústia ou tem um pouco de esperança? Quantos vilões existem na sua história? Quantas vítimas? Qual deles é você?

A maioria das pessoas, quando me procura, não se sente emponderada em sua vida amorosa. Pelo contrário, elas se sentem estagnadas, frustradas e com medo. Assim como eu fazia anos atrás, elas não entendem por que as mesmas questões continuam aparecendo, impedindo-as de ter o relacionamento que desejam. Infelizmente, muitas delas chegaram à conclusão de que não sabem amar ou que não merecem ser amadas.

A verdade é que muitos de nós enfrentam problemas na vida, mas quem estiver disposto a aprender pode ser bem-sucedido. Relacionamentos dolorosos, namoros que nunca viram relacionamentos de verdade, ou simplesmente um amor que não é gratificante *não* precisam ser o destino de alguém. Você é muito mais poderoso do que imagina. O que realmente está atravancando seu caminho é você mesmo. Você não precisa ser perfeito. E ainda assim vai errar. O objetivo é progredir; ser completamente honesto consigo mesmo; ser honesto com os outros, e se responsabilizar.

Para reescrever a história da sua vida amorosa, primeiro você precisa estar disposto a olhar para dentro. Não existe força no mundo que queira lhe negar amor. Você não está pagando uma dívida cármica, e não está sendo punido pelo universo. Você só precisa estar disposto a fazer algumas mudanças na maneira como enxerga os relacionamentos amorosos. Essas mudanças começam por entender e integrar as nove verdades a sua vida:

1. Você precisa dar o primeiro passo. O poder não é "deles", é nosso. Toda decepção, confusão e drama dos seus relacionamento anteriores podem ser explicados pelo medo universal de não ser suficiente.

2. Nossa mente está sempre criando histórias, e, se não questionarmos nossos pensamentos e crenças, nossa mente rapidamente se torna um campo de batalha.

3. Desejo não é a mesma coisa que amor, e saber a diferença é essencial para construir um amor duradouro.

4. Amor-próprio é realmente tão importante quanto dizem ser. Precisamos dele para ter sucesso em nossos relacionamentos.

5. Precisamos falar e dizer a verdade. Se escondemos o que vemos, sentimos ou precisamos, o relacionamento se deteriora rapidamente.

6. Estresse e medo podem fazer uma relação segura se tornar disfuncional. Precisamos priorizar agir como nosso Eu Superior o máximo possível.

7. Por mais que tentemos, não podemos convencer ninguém a nos amar.

8. A felicidade é um trabalho interno, e não existe pessoa perfeita no mundo capaz de nos salvar de nós mesmos.

9. Finalmente, se não lidarmos com os acontecimentos da nossa infância, nossos relacionamentos vão nos obrigar a fazê-lo. Precisamos aprender a nos relacionar com nossos pais de acordo com a sabedoria da nossa versão adulta, e não com a da nossa criança magoada.

Nenhum de nós recebeu um guia sobre como viver. Todos estamos fazendo o melhor que podemos para sermos suficientes e felizes. É preciso muita coragem para olhar para dentro de si, e o momento em que você fizer isso será o momento em que dará o primeiro passo como o herói da sua própria história. Então, dê o primeiro passo.

AGRADECIMENTOS

A vida, juntamente com todos os relacionamentos que temos ao longo dela, é uma sala de aula na qual todos somos alunos e professores. Tive muita sorte na minha vida de ter professores incríveis, e é um privilégio repassar os conhecimentos que aprendi ao longo dos anos. Meus maiores professores foram meus alunos e clientes durante os últimos 21 anos; serei para sempre grata a eles por me mostrarem como me tornar uma professora melhor. Prometo a cada um de vocês continuar estudando com voracidade para seguir crescendo, evoluindo e me tornando uma professora melhor para todos vocês.

Agradeço a minha comunidade global, a Conscious Woman: obrigada por trabalharem duro para se amar, por se olharem no espelho e crescerem com humildade. Obrigada por confiarem em mim e serem luz e fonte de apoio para todos na comunidade.

A minha família: agradeço a minhas irmãs, Janice e Debra, por serem as melhores irmãs mais velhas que eu poderia ter, mesmo quando não fui a melhor irmã mais nova. Minha vida foi menos solitária sabendo que eu tinha vocês duas ao meu lado.

Ao meu amado padrasto: obrigada por fazer com que nos sentíssemos seguras. Ao meu pai: espero que você finalmente esteja em paz.

Mamãe, você está sempre comigo.

Agradeço a minha *coach*, Delaine, que esteve ao meu lado desde o começo. Serei para sempre grata a você por acreditar em mim sempre que eu queria desistir — o que era com frequência — e por me oferecer conselhos, recursos valiosos e o direcionamento claro de que eu precisava para ser capaz de fazer o que faço hoje.

Aos meus mentores Tony Robbins e Cloé Madanes: obrigada, Tony, por ser uma luz brilhante nos meus momentos de escuridão e por me inspirar a ajudar pessoas de um jeito que eu jamais imaginei. Minha vida inteira mudou quando participei dos seus eventos ao vivo, *Unleash the Power Within* e *Date with Destiny* [Liberte o seu poder interior e Encontro com o destino, em tradução livre], e serei para sempre sua aluna. E obrigada, Cloé: seu brilhantismo me ensinou a realmente compreender as pessoas e, assim, poder ajudá-las a mudar.

Obrigada a minha *coach* de escrita, Leigh Stein. Sem você, Leigh, eu teria desistido deste livro há muito tempo. Obrigada por ser minha maior incentivadora durante a escrita de *Dê o primeiro passo* e por me ajudar a passar vinte anos de informação do meu cérebro para a página. Tenho muita sorte de ter você. Também agradeço a Emily Stone, por me incentivar a escrever este livro e por todos os bons conselhos.

Obrigada a minha primeira *coach* de escrita, Joeele Hann. Você não só me ensinou a escrever uma proposta como plantou a semente anos atrás, quando me disse que eu deveria escrever. Sua influência nunca será esquecida.

Agradeço à minha equipe na HarperOne, principalmente Anna Paustenbach, Chantal Tom e Gabriella Page-Fort, e a minhas agentes fantásticas Sarah Passick e Mia Vitale. Sou grata a todas vocês por acreditarem neste livro, na minha visão e por me incentivarem nos momentos de dúvida.

Agradeço a minha relações-públicas, Nicole Perez Krueger, e a todo o maravilhoso time da Align PR pelo apoio dado a mim e ao meu crescimento.

Agradeço a Steve Wilson, David Henning, Rob Herting, Will Tendy, Shin Yin Hiyu, Lily McIntyre e Rian Kountzhouse, da QCODE, por tornarem meu podcast, *Jillian on Love*, uma realidade e por me darem uma plataforma para ensinar e ajudar as pessoas.

Em muitos aspectos, tudo começou no projeto Kula Ioga, em Nova York, quando me tornei professora de ioga. O Kula estará para sempre em meu coração, é minha casa longe de casa, e minhas memórias de lá estão entre as melhores da minha vida. Schuyler Grant, Nikki Vilella e Nikki Costello, agradeço por me fazerem suar, por me fazerem que me sentir em casa no meu corpo e por me darem o dom de ensinar.

Agradeço a minhas amigas mais próximas (vocês sabem quem são) por me apoiarem ao longo dos anos e por estarem sempre ao meu lado.

Ao meu ex-marido: nosso relacionamento foi em alguns momentos o melhor que já tive e o pior. Nosso relacionamento me despertou, e me trouxe até aqui. Você disse que estávamos em caminhos diferentes e, embora eu não soubesse o que diabos você queria dizer na época, você não poderia estar mais certo.

SUA OPINIÃO É MUITO IMPORTANTE

Mande um e-mail para **opiniao@vreditoras.com.br**
com o título deste livro no campo "Assunto".

1ª edição, maio 2025
FONTES Garamond Premier Pro 13pt
Futura Std 14pt
PAPEL Polen Bold LD 70g/m²
IMPRESSÃO Bartira Gráfica
LOTE BAR130325